RUSLAN
RUSSIA

A second level communicative
Russian course
for adults and teenagers by
John Langran and Natalya Veshnyeva

Cartoons to
introduce the lessons
by Anna Lauchlan

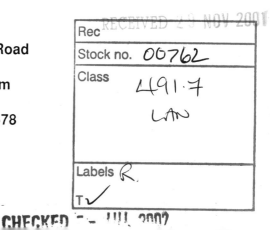

RUSLAN
19 Highfield Road
Moseley
Birmingham
B13 9HL
0121 449 1578

Acknowledgements

Many thanks to Nigel Evans, David Harmer, Jonathan Madden, Vivienne Simkins and Steven Wilson for their photographs, and to the Institute of Linguists for permission to use material from past papers of their Preliminary and General Certificates in Russian.

Thanks to Katie Costello and Tanya Lipatova in the UK, Sergey Kozlov in Moscow and Tanya Aleksandrova in Wichita for their help checking the dialogues and exercises, to the teachers who tested the materials with their groups, and to David Knowles and Aleksey Yakubovich for their work on the computer program that produced the dictionary.

Thanks to John Albasiny, Natella Atkins, Galina Chirikova, Alex Chubarov, and Tanya, Nikolai and Zhenya Lipatov for providing the voices for the recordings that accompany the course, to Brian Savin for the audio production, and to Dan Wiener and Maria Thorgevsky for permission to use recordings of two of their songs.

First published 1996
Second edition 2000
© 1996 and 2000 Ruslan
Copyright for the 10 introductory cartoons - Anna Lauchlan
ISBN 1-899785-12-4

Design and typesetting by Ruslan
Printed by Clarkeprint, Birmingham
Published by Ruslan Limited, 19 Highfield Road, Birmingham, B13 9HL

A catalogue record for this book is available from the British Library.

Accompanying materials
Multimedia CDRom for Windows - ISBN 1-899785-10-8
Audio cassette of the dialogues - ISBN 1-899785-04-3
The same recordings on compact disk - ISBN 1-899785-05-1

СОДЕРЖАНИЕ

John Langran studied Russian at Sussex University and then taught in schools and in adult education in Birmingham from 1969 to 1993. For most of this time he was head of Brasshouse Centre, Birmingham's language centre for adults. He runs training seminars for teachers of languages to adults and is a member of the Russian Committee of the Association for Language Learning. He has been Director of Studies for the Prime Minister's Enterprise Initiative in Russia. He is author of the BBC Russian Phrasebook, May 1995, and co-author of "Games and Activities for Language Teachers", CILT, 1994.

Natalya Veshnyeva was born and grew up in Moscow. She trained to be a teacher at Moscow Pedagogical Institute. She lived for three years in New Zealand, and has been in London since 1980, teaching Russian to adults at a wide range of schools and adult education centres. She currently teaches Russian at the City of London School for Girls and at Goldsmith's College.

Natalya Veshnyeva wrote the original dialogues and most of the listening material. **John Langran** edited the dialogues, added the "typical Englishman", wrote the background information and most of the exercises, reading passages and speaking activities, prepared the dictionary and the key to the exercises, and designed and set the pages.

To accompany the course (for prices see the back cover):
Cassette tape or compact disc:
This contains all of the dialogues and the passages for listening practice.
Multimedia CDRom:
A complete multimedia version of the course for Windows PCs. Over 300 interactive exercises with up to date visuals and full sound, and a wide range of additional material. The Ruslan 1 CDRom won an award in the DTI Languages for Export campaign 1999.

Also available from Ruslan:
"Ruslan Russian 1" - The first part of the course, from absolute beginner level. Book, cassette or CD and CDRom.
"Moscow for You!" - 45 minute video for intermediate learners of Russian. Video produced in Moscow in 1997. Booklet with the full text, vocabularies and suggestions for teachers.

"Hello Russia!" - Russian phrasebook on CDRom with sound.

"Russian Language Routines" - CDRom of grammatical drills and exercises with full sound
"Russian Linguistickers" - 100 removable vocabulary stickers for the home. Turn your home into a living Russian dictionary!

About the course

This is a course for learners of Russian who have already reached a basic level. The course takes you to a very good GCSE standard and slightly beyond.

"Ruslan 2" continues the story-line of "Ruslan1", and builds on the content. If you have worked with a different beginners course you may well find it useful to have a look at "Ruslan 1".

Most people who reach a basic level in Russian find it very useful to study the grammar of the language. For this reason grammatical terminology has been used throughout in the explanations.

However the emphasis is on learning for communication, with relevant topics, a fast-moving story, and lots of exercises for practice. Most of the instructions and all the background information in the book are in Russian, and working all this out will give you extra language practice.

Each of the lessons contains:

-        a list of contents for you to check your progress;

-        a cartoon to help teachers introduce new vocabulary. These are also useful for practising questions and answers, and for revision;

-        dialogues to introduce new vocabulary and structures, following the adventures of Ivan, Vadim, Peter, Lyudmila and her family and friends, and of course the "typical Englishman";

-        a vocabulary with new words in the order in which they appear;

-        background information in Russian;

-        grammar explanations in English;

-        exercises based on the new language;

-        speaking exercises, with role-play situations, and suggestions for pair work and language games;

-        reading and writing exercises;

-        listening exercises with texts printed at the back of the book.

At the end of the book there is also a key to the exercises and a full Russian to English vocabulary of about 1600 words.

The recordings, on cassette or CD, are essential for full appreciation of the course. Learners with a personal computer will gain a great advantage from using the multimedia CDRom version of the course.

In "Ruslan 2", the stress marks have been included in the text throughout, except for material primarily intended for reading.

PRONUNCIATION AND STRESS IN RUSSIAN

The stress is marked with an acute accent. For example the stress for the word for "wine" is on the last syllable - вино́ - veenóh.

Once you know the stress, the pronunciation of a Russian word can be worked out from the spelling. There are very few exceptions to the basic pronunciation rules.

To get the right sounds, work with the recordings, repeating the words and phrases as often as you can.

Оди́н из а́второв уче́бника в Ни́жнем Но́вгороде
о́коло па́мятника изве́стному лётчику В.П. Чка́лову.

Zoya Petrovna shows Ivan her family album. Ivan wants to see a photo of Lyudmila. Zoya Petrovna is interested in Ivan and his family.

Lyudmila and Vadim arrive. Peter telephones to speak to Lyudmila, but she doesn't want to speak to him. She wants to listen to the song on the radio about a roast chicken that gets loose on Nevsky Prospekt....

In this lesson you will:

☐   meet words you need when talking about your family and friends;

☐   learn how to use adjectives in the accusative singular;

☐   learn how to use adjectives in the nominative and accusative plural;

☐   talk about people's age and about getting married;

☐   learn how to use the instrumental case after the verbs "to be ...", "to work as ...", "to be interested in ..." etc;

☐   learn the future tense of быть - "to be".

By the end of the lesson you should be able to talk about your friends and family, their ages, interests and work.

The reading passage is about Saint Petersburg (Санкт-Петербу́рг).

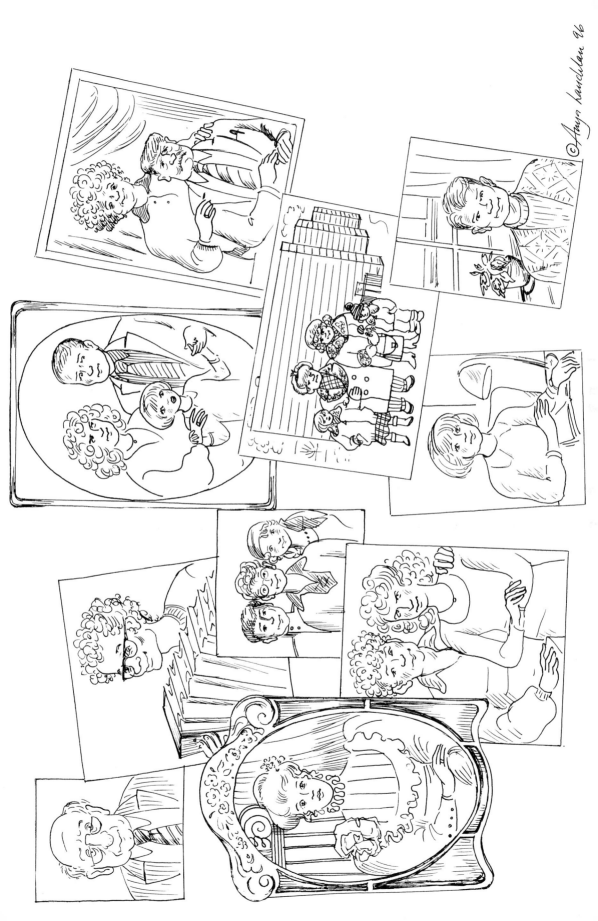

В квартире у Звоновых

Зоя Петровна:	Иван, посмотри. Это наш семейный альбом.
Иван:	Он такой старый!
Зоя Петровна:	Да, он очень старый. Я его получила, когда мне было шестнадцать лет. Его подарила мне моя бабушка. Иван, посмотри на эту красивую женщину. Это она, Евдокия Львовна, молодая и красивая. Ей здесь тридцать два года. Это на её свадьбе. Она довольно поздно вышла замуж. Я её очень любила. Она умерла двадцать лет назад, когда мы жили в Ленинграде.
Иван:	А это кто?
Зоя Петровна:	Это мой дядя, Сергей Михайлович. Брат отца. Он тоже давно умер.
Иван:	А я знаю, кто это. Это мой дедушка Пётр Степанович. У мамы есть такая фотография.
Зоя Петровна:	Да, но там он уже очень старый. А вот здесь... он ещё молодой и весёлый с братом и сестрой.
Иван:	Он был спортсменом?
Зоя Петровна:	Нет, он работал инженером, но много занимался спортом. А мой Вадим не занимается спортом. Это так плохо! Он интересуется только кино и театром.
Иван:	Покажите эту фотографию! Кто это?
Зоя Петровна:	Как кто? Это твой отец и твоя мать.
Иван:	Правда? Да, конечно, это они. Какая хорошая фотография!

Пауза

Иван:	Зоя Петровна, у вас есть фотография Людмилы?
Зоя Петровна:	Нет, у меня нет. У Вадима есть. А вот смотри, знаешь кто это?
Иван:	Нет, не знаю.
Зоя Петровна:	Это мои дети: Вадим и Галя. Правда красивые? Они родились в Ленинграде. А вот это семья Гали. Это её муж, а этот красивый ребёнок - её дочь. Моя Галя уже давно замужем. Её дочь уже большая, и её сын Борис служит в армии. Вы знаете, он очень хорошо танцует и поёт.
Иван:	А сколько Вадиму лет?
Зоя Петровна:	Тридцать пять.
Иван:	Ему уже тридцать пять лет!
Зоя Петровна:	Ну, конечно, а тебе сколько лет?
Иван:	Мне тридцать один год.
Зоя Петровна:	Ага! А Таня вышла замуж?
Иван:	Моя сестра? Нет ещё.
Зоя Петровна:	А сколько ей лет?
Иван:	Двадцать четыре года.
Зоя Петровна:	Она ещё молодая. Чем она занимается?
Иван:	Вы знаете, сейчас очень трудно найти работу. Она сейчас без работы.

Звонóк

Зóя Петрóвна: А вот и Людмúла с Вадúмом! У меня́ в холодúльнике квас.
Хóчешь попрóбовать?

Вадúм включáет рáдио. Поют пéсню "Цыплёнок жáреный" (стр. 14)

Людмúла: Вадúм, зачéм вы включúли рáдио?
Вадúм: Я хочу́ послу́шать нóвости.
Людмúла: Да, но э́то не нóвости.
Ивáн: Ничегó, пéсня хорóшая. А кто поёт?
Людмúла: Не зна́ю. А пéсня мне нра́вится.
Ивáн: А каку́ю му́зыку вы лю́бите, Зóя Петрóвна?
Зóя Петрóвна: Классúческую, конéчно И ру́сскую наро́дную му́зыку.

Звонúт телефóн

Вадúм: Аллó! Да! Пúтер! Вот как! Людмúла, э́то ваш англúйский друг!
Людмúла: Ой! Скажúте ему́, что меня́ нет дóма. Я хочу́ му́зыку
послу́шать.
Вадúм: Как хотúте... Аллó, Пúтер!... Да? ... Извинúте, её сейча́с нет.
Она́ бу́дет дóма в пять... Нет, мы слу́шаем рáдио...
Хорошó... До свидáния.

семéйный (adj.)	family	Покажúте!	Show (me)!
альбóм	album	дéти	children
такóй	so / such	родúться (perf.)	to be born
стáрый	old	ребёнок	child
получáть/получúть	to receive	зáмужем	married (of a woman)
16 лет	16 years	тру́дно	difficult
дарúть/по-	to give a present	служúть (imperf.)	to serve
молодóй	young	áрмия	army
свáдьба	wedding	найтú (perf.)	to find
довóльно	quite	без	without
вы́йти зáмуж	to get married	квас	kvas
	(for a woman)	холодúльник	fridge
умирáть/умерéть	to die	прóбовать/по-	to try
дéдушка	grandfather	зачéм	why / what for
весёлый	jolly	включáть/включúть	to turn on
назáд	ago	пéсня	song
давнó	long ago	цыплёнок	chicken
дя́дя	uncle	жáреный	roast
фотогрáфия	photo	слу́шать/по-	to listen to
танцевáть/по-	to dance	нóвости	news
петь	to sing	наро́дный	folk
занимáться	to spend time doing	друг	friend
	something	бу́дет	will be
интересовáться	to be interested in	дóма	home (at home)

In "Ruslan 2" verbs that are likely to be used in both aspects are listed in their aspect pairs,
imperfective and perfective. For an explanation see lesson 2. Verbs which form the perfective
with a prefix: дарúть/подарúть are listed thus: дарúть/по-. Where there are several possible
alternatives, the one used in this course, or the most common alternative, is given.

Квас

Напи́ток из хле́ба и са́хара. Квас продаётся в жа́ркую пого́ду на у́лицах в специа́льных бо́чках и́ли в магази́нах.

Прода́жа ква́са в Новосиби́рске

"Он слу́жит в а́рмии"

Все ю́ноши от 18 до 27 лет должны́ служи́ть два го́да. Одна́ко, есть о́чень мно́го исключе́ний. Наприме́р, не слу́жат:

- те, кто не прошёл медици́нскую коми́ссию;
- студе́нты университе́тов.

(В ма́е 1996г. президе́нт Б. Ельцин пообеща́л отмени́ть во́инскую пови́нность - реда́ктор.)

На пара́де. Молодо́й солда́т

Посмотри́те на э́ту краси́вую же́нщину! - Look at this beautiful woman!
In the accusative case feminine singular adjectives have the ending -ую.
More examples:

Каку́ю му́зыку вы лю́бите?	- What sort of music do you like?
Я люблю́ класси́ческую му́зыку	- I love classical music
Вы чита́ли но́вую кни́гу?	- Have you read the new book?

Покажи́те э́ту фотогра́фию! - Show me that photo!
Этот agrees with the noun it qualifies. Here it is in the feminine accusative case.

	Masculine	Neuter	Feminine
Nominative	э́тот	э́то	э́та
Accusative	э́тот	э́то	э́ту

Она́ вы́шла за́муж - She got married
This is an irregular past tense. Words for getting and being married are different for men and women.

For a woman:	to get married	-	вы́йти за́муж
	she got married	-	она́ вы́шла за́муж
	she is married	-	она́ за́мужем
For a man	to get married	-	жени́ться
	he got married	-	он жени́лся
	he is married	-	он жена́т

краси́вые де́ти - beautiful children. An example of the nominative plural of adjectives. Endings are the same for all genders:

бе́лые но́чи	-	White Nights
молоды́е солда́ты	-	young soldiers
ру́сские де́ньги	-	Russian money

шестна́дцать лет - sixteen years
When counting years, do not use the genitive plural годо́в.
Instead use лет - "of summers".

один год
два / три / четы́ре го́да
пять лет

Ско́лько Вади́му лет? - How old is Vadim?
To express ages, use the dative case.

Мне бы́ло шестна́дцать лет	-	I was sixteen years old
Ей три́дцать два го́да	-	She is thirty two
Вади́му три́дцать пять лет	-	Vadim is thirty five

брат отца́ - father's brother
This is an example of a "fleeting e". The word оте́ц loses the "e" when it changes its endings. The same often happens with the letter "o".

оте́ц - father	ребёнок - child
отца́ - of father	ребёнка - of the child

Это мой дя́дя - This is my uncle
Some masculine nouns have feminine endings. Adjectives agreeing with them stay in the masculine.

ребёнок / де́ти
The word ребёнок - "a child" has the irregular plural де́ти - "children".

Они́ родили́сь в Ленингра́де - They were born in Leningrad
An example of the past tense of reflexive verbs. These use regular past tense endings plus the reflexive suffix -ся, or -сь after a vowel. There may be stress changes:

Masculine singular:	он / я / ты роди́лся
Feminine singular:	она́ / я / ты родила́сь
Plural:	они́ / мы / вы родили́сь

Он был спортсме́ном? - Was he a sportsman?
The instrumental case is used with the past and future tenses of быть - "to be" and with the verb рабо́тать - "to work":

Он был спортсме́ном	-	He was a sportsman
Он рабо́тал инжене́ром	-	He worked as an engineer

With быть in the past tense you can also use the nominative for a permanent state:

Он был брат Серге́я	-	He was Sergey's brother

Он интересу́ется теа́тром - He is interested in the theatre
Он занима́лся спо́ртом - He took part in sport
The verbs интересова́ться and занима́ться take the instrumental case to express "to be interested in..." and "to take part in ..." respectively.

Умира́ть / умере́ть - to die
This has an irregular past tense in the perfective aspect:

он у́мер	-	he died
она́ умерла́	-	she died
они́ у́мерли	-	they died

Петь - to sing
Я пою́, ты поёшь, он/она́ поёт, мы поём, вы поёте, они́ пою́т

Танцева́ть - to dance
Verbs ending in -евать and -овать have a present tense stem in -y
Я танцу́ю, ты танцу́ешь, он/она́ танцу́ет, мы танцу́ем, вы танцу́ете, они́ танцу́ют
Я интересу́юсь, ты интересу́ешься, он/она́ интересу́ется ...

Чем она́ занима́ется? - What does she do?
Чем is the instrumental of что. See Ruslan 1 Lesson 10 for the declension of что - "what", and кто - "who".

Она́ без рабо́ты - She is without work
The preposition без takes the genitive case:

без са́хара	-	without sugar
без меня́	-	without me

Она́ бу́дет до́ма - She will be at home
This is the future tense of быть - "to be":
Я бу́ду, ты бу́дешь, он/она́ бу́дет, мы бу́дем, вы бу́дете, они́ бу́дут

УПРАЖНЕНИЯ   УРОК 1

1.   Отве́тьте на вопро́сы.
а.   Альбо́м но́вый и́ли ста́рый?
б.   Где умерла́ ба́бушка Зо́и Петро́вны?
в.   Вади́м занима́ется спо́ртом?
г.   У кого́ есть фотогра́фия Людми́лы?
д.   Ско́лько лет Ива́ну?
е.   Зо́я Петро́вна жила́ в Петербу́рге?
ж.   Сестра́ Ива́на рабо́тает?
з.   Каку́ю му́зыку лю́бит Зо́я Петро́вна?

2.   Найди́те ну́жный глаго́л.

а. Зо́я Петро́вна _____ альбо́м от ба́бушки.	у́мер
б. Ба́бушка Зо́и Петро́вны _____ давно́.	рабо́тал
в. Её дя́дя то́же да́вно _____.	не хо́чет
г. Пётр Степа́нович _____ инжене́ром.	получи́ла
д. Вади́м не _____ спо́ртом.	роди́лись
е. Ива́н _____ фотогра́фию Людми́лы.	занима́ется
ж. Де́ти Зо́и Петро́вны _____ в Петербу́рге	хо́чет
з. Зо́я Петро́вна _____ класси́ческую му́зыку.	лю́бит
и. Людми́ла _____ поговори́ть с Пи́тером.	умерла́

3.   Кто есть кто?
а.   Он хорошо́ поёт.
б.   Она́ вы́шла за́муж, когда́ ей бы́ло три́дцать два го́да.
в.   Он давно́ у́мер.
г.   Ему́ три́дцать пять лет.
д.   Она́ не рабо́тает.
е.   Она́ сестра́ Вади́ма.
ж.   Он роди́лся в Санкт-Петербу́рге.
з.   Он был инжене́ром.

Вади́м - Га́ля - Та́ня
Ива́н - Евдоки́я Льво́вна
Пётр Степа́нович - Бори́с
Серге́й Миха́йлович

4.   Соста́вьте словосочета́ния

вку́сный	без са́хара
три́дцать два	но́чи
шестна́дцать	де́ти
ма́ленькие	му́зыка
чай	же́нщина
мой	го́да
молодо́й	лет
краси́вая	журнали́ст
наро́дная	дя́дя
бе́лые	квас

5. **Кем они́ бы́ли? Отве́тьте по образцу́**

а. Пётр Ильи́ч Чайко́вский
б. Ю́рий Алексе́евич Гага́рин
в. Алекса́ндр Серге́евич Пу́шкин
г. Джон Ке́ннеди
д. Влади́мир Ильи́ч Ле́нин
е. Ру́дольф Хаме́тович Нуре́ев
ж. Лев Никола́евич Толсто́й

писа́тель
поэ́т
космона́вт
революционе́р
президе́нт Аме́рики
компози́тор
танцо́р

Образе́ц: *а.* *Чайко́вский был компози́тором.*

ДАВАЙТЕ ПОГОВОРИМ!

1. **Когда́ вам бы́ло 5/10/15/20/25 и т.д. лет...**
Где вы жи́ли?
Вы игра́ли в футбо́л, в те́ннис и.т.д.?
(Вы найдёте спи́сок ви́дов спо́рта в уче́бнике "Русла́н 1" стр. 106.)

2. **Игра́ в кругу́. Чем вы интересу́етесь?**
Пе́рвый говори́т: я интересу́юсь му́зыкой.
Второ́й говори́т: он интересу́ется му́зыкой, а я интересу́юсь спо́ртом.
И т.д.

3. **Коммуникати́вная зада́ча - О себе́**
Узна́йте у други́х студе́нтов, где они́ роди́лись, где роди́лся / родила́сь их сын, дочь, брат, сестра́, оте́ц, мать, и т.д.
Узна́йте , где они́ жени́лись/вы́шли за́муж.

4. **Коммуникати́вная зада́ча - Вы хорошо́ танцу́ете?**
Узна́йте у други́х студе́нтов:
- как они́ танцу́ют
- как они́ пою́т
- каку́ю му́зыку они́ лю́бят / не лю́бят
- каки́е та́нцы они́ лю́бят танцева́ть
- каки́е пе́сни они́ лю́бят петь

Та́нцы	**Му́зыка**
Фокстро́т	Класси́ческая
Вальс	Наро́дная
Рок-н-ролл	Популя́рная (Поп)
Твист	Джаз
Та́нго	

5. Герои нашего учебника. Работа в парах

Что вы знаете о наших героях? Попробуйте запомнить:

Затем задайте друг другу вопросы, сначала с помощью учебника, потом самостоятельно.

Например:
- Иван из Москвы? - Нет, он из Саранска.
- Вадим бизнесмен? - Нет, он кинокритик.
- Сколько лет Ивану? - Ему тридцать один год.
И т.д.

6. Работа в парах

Посмотрите на картинку (стр. 4). Прослушайте ещё раз диалоги и решите, кто есть кто.

7. Коммуникативная задача

Принесите в класс фотографии своей семьи и расскажите о них.
Задайте друг другу вопросы о семье.
Потом расскажите другим студентам, что вы узнали друг о друге.

8. Языковая игра - Я люблю красную икру

Преподаватель показывает предметы или картинки. Студенты смотрят на предметы и запоминают их. Затем преподаватель кладёт предметы в сумку. Начинается разговор:

- У вас в сумке есть красная икра?
- Да, есть.
- Хорошо, я очень люблю красную икру!
  Дайте, пожалуйста, красную икру!

> красная икра
> чёрная икра
> русская водка
> французское вино
> английское пиво
> фруктовый сок
> чёрный хлеб
> грузинский чай
> и т.д.

ДАВАЙТЕ ПОСЛУШАЕМ!

Прослушайте кассету и ответьте на вопросы:
а. Зоя Петровна думает, что Иван женат?
б. Сколько лет Ивану?
в. У Ивана есть квартира?
г. Зоя Петровна хорошо знает семью своей сестры в Саранске?

Что вы зна́ете о Санкт-Петербу́рге? Постара́йтесь отве́тить на сле́дующие вопро́сы:

а. Каково́ населе́ние го́рода?
б. Санкт-Петербу́рг нахо́дится на мо́ре?
в. Кто основа́л Санкт-Петербу́рг?
г. Что тако́е "бе́лые ночи"?
д. Что тако́е Эрмита́ж?
е. Почему́ го́род иногда́ называ́ется "Се́верная Вене́ция"?
ж. Как называ́лся э́тот го́род в сове́тский пери́од?

Тепе́рь прочита́йте текст. Там вы найдёте отве́ты:

САНКТ-ПЕТЕРБУРГ

Санкт-Петербу́рг - о́чень краси́вый и интере́сный го́род . Его́ основа́л в 1703 году́ царь Пётр Пе́рвый как но́вую столи́цу Росси́и. Па́мятник Петру́ мо́жно уви́деть на берегу́ реки́ Невы́ недалеко́ от Исаа́киевского собо́ра. Пётр назва́л но́вый го́род Санкт-Петербу́рг.

Но го́род не́сколько раз меня́л своё назва́ние. Во вре́мя пе́рвой мирово́й войны́ его́ называ́ли Петрогра́д. И и́менно как Петрогра́д он встре́тил Октя́брьскую револю́цию. А по́сле сме́рти Ле́нина в 1924 году́ ему́ да́ли назва́ние Ленингра́д. Пото́м в 1993 году́ го́роду реши́ли верну́ть назва́ние - Санкт-Петербу́рг.

Сейча́с Санкт-Петербу́рг - второ́й по́сле Москвы́ го́род Росси́и. Там живёт о́коло пяти́ миллио́нов челове́к. Это кру́пный индустриа́льный и культу́рный центр, ва́жный морско́й порт.

В Санкт-Петербу́рге мно́го рек и кана́лов. Го́род стои́т на 101 о́строве, поэ́тому его́ и называ́ют иногда́ "Се́верная Вене́ция", а его́ си́мволом явля́ется кора́бль.

В го́роде мно́го музе́ев, теа́тров, па́рков и садо́в. Там та́кже нахо́дится са́мый большо́й музе́й Росси́и - Эрмита́ж. Он изве́стен во всём ми́ре. В его́ колле́кции - карти́ны Леона́рдо да Ви́нчи, Рафаэ́ля, Ре́мбранта, францу́зских импрессиони́стов.

Санкт-Петербу́рг осо́бенно краси́в в пери́од "бе́лых ноче́й". В ию́не и в ию́ле со́лнце не захо́дит, и но́чью светло́, как днём.

Мо́жно прие́хать в Санкт-Петербу́рг по́ездом и́ли на маши́не из Москвы́. В го́роде та́кже есть междунаро́дный аэропо́рт. Но, коне́чно, са́мое прия́тное путеше́ствие бу́дет на корабле́.

Санкт-Петербу́рг - Па́мятник
Петру́ Пе́рвому "Ме́дный Вса́дник".

Отры́вок из поэ́мы Пу́шкина
"Ме́дный Вса́дник":
... и ду́мал он:
Отсе́ль грози́ть мы бу́дем шве́ду.
Здесь бу́дет го́род заложён
На зло надме́нному сосе́ду.
Приро́дой здесь нам суждено́
В Евро́пу проруби́ть окно́,
Ного́ю твёрдой стать при мо́ре...

"Цыплёнок жа́реный" - отры́вок из пе́сни.
Пою́т Мари́я Тхорже́вская и Дан Ви́нер:
Цыплёнок жа́реный,
Цыплёнок па́реный
Пошёл по Не́вскому гуля́ть.
Его пойма́ли, арестова́ли,
Веле́ли па́спорт показа́ть...
Цыплёнок жа́реный,
Цыплёнок па́реный
Не смог и сло́ва возрази́ть.
С боко́в поджа́ренный,
Водо́й ошпа́ренный,
Цыплёнок то́же хо́чет жить!

ПИШИТЕ!

Напиши́те два сочине́ния:
а. "Моя́ семья́"
б. "Геро́и на́шего уче́бника"

Peter, Ivan and Lyudmila are all doing things at the post office.

Then - what a surprise! - they all meet up. Lyudmila introduces her two admirers to each other, and Peter invites Lyudmila and Ivan to Macdonald's.

Meanwhile the типи́чный англича́нин is trying to change some money.

In this lesson you will:

☐ meet a lot of the words you neèd when using a Russian post office;

☐ meet the remaining plural endings of nouns and pronouns;

☐ meet verbs in the perfective and imperfective aspect and make a start at learning when to use which aspect.

☐ meet the ordinal numbers: "first", "second" etc.

By the end of the lesson you should be able to perform basic transactions at the post office and talk about what you want to do.

The reading passage is a Moscow restaurant guide.

© A.LAUCHLAN

На по́чте. Пи́тер покупа́ет конве́рты и ма́рки

Рабо́тник по́чты:	Что вам?
Пи́тер:	Да́йте, пожа́луйста, де́сять конве́ртов.
Раб.по́чты:	Вот, пожа́луйста.
Пи́тер:	А други́е у вас есть? Эти о́чень некраси́вые.
Раб.по́чты:	Пожа́луйста, выбира́йте.
Пи́тер:	А конве́рты с ма́рками у вас есть?
Раб.по́чты:	Нет.
Пи́тер:	Тогда́, да́йте ма́рки то́же. Мне ну́жно посла́ть пи́сьма в Англию.
Раб.по́чты:	Выбира́йте.
Пи́тер:	А здесь мо́жно купи́ть откры́тки?
Раб.по́чты:	Пожа́луйста. Каки́е вам?
Пи́тер:	У вас есть откры́тки с ви́дами Москвы́?
Раб.по́чты:	Нет. То́лько эти.

Ива́н посыла́ет посы́лку и телегра́мму

Ива́н:	Мо́жно посла́ть посы́лку в Сара́нск?
Раб.по́чты:	Здесь нельзя́. Здесь то́лько телегра́ммы. Посы́лки и бандеро́ли - деся́тое окно́.
Ива́н:	Мне та́кже на́до посла́ть телегра́мму.
Раб.по́чты:	Вот вам бланк.
Ива́н:	У меня́ уже́ есть бланк. Вот, пожа́луйста.
Раб.по́чты:	Раз, два, три ... шесть слов. Хорошо́. А кому́ вы посыла́ете телегра́мму?
Ива́н:	Роди́телям в Сара́нск. А что?
Раб.по́чты:	А где а́дрес?
Ива́н:	Ой, извини́те, я забы́л написа́ть а́дрес.

Людми́ла звони́т по телефо́ну

Людми́ла:	Отсю́да мо́жно позвони́ть в Со́фрино?
Раб.по́чты:	Коне́чно. Како́й телефо́н?
Людми́ла:	245-67-84.
Раб.по́чты:	Хорошо́. Подожди́те. Это втора́я каби́на.
Людми́ла:	А ждать на́до до́лго?
Раб.по́чты:	Пять мину́т.
Людми́ла:	А где мо́жно получи́ть пи́сьма до востре́бования?
Раб.по́чты:	Пе́рвое окно́.

Людми́ла получа́ет пи́сьма

Людми́ла:	Скажи́те пожа́луйста, мне есть пи́сьма?
Раб.по́чты:	А как ва́ша фами́лия?
Людми́ла:	Ки́сина Людми́ла Алекса́ндровна.
Раб.по́чты:	Сейча́с... да, вам есть два письма́. Покажи́те, пожа́луйста, докуме́нт...

Какой сюрприз!

Питер/Иван: Людмила!!! Что вы здесь делаете?

Людмила: Ой! Питер! Иван! Вы меня испугали! Вы знакомы?
Конечно, нет! Познакомьтесь. Иван, это Питер. Питер, это
Иван. Пойдёмте отсюда!

Питер: Я очень рад! Я приглашаю вас в "Макдональдс".

Иван: С удовольствием! Это всё очень интересно! Людмила, я хочу
поговорить с вами о фотографиях Зои Петровны.

Типичный англичанин хочет поменять деньги

Англичанин: Скажите пожалуйста, где здесь обмен валюты?

Прохожий: Очень просто. Идите прямо и налево. Там улица Арбат.
На углу ресторан "Прага". В этом районе несколько пунктов.

Прохожая: Нет, нет! Ближайший пункт на станции метро.
Вы знаете Александровский сад?

Англичанин: Да, конечно.

Прохожая: Там на станции находится обменный пункт.

Англичанин: Спасибо большое. До свидания.

Прохожий: Одну минутку! Скажите, вы хотите поменять доллары?

Англичанин: Нет, фунты.

Прохожий: Хорошо. Идите в Александровский сад.

Прохожая: Да, не надо менять деньги на улице. Поменяйте в пункте.

Англичанин: Да, правильно. До свидания.

работник	worker	писать/на-	to write
почта	post office	ждать/подо-	to wait
конверт	envelope	кабина	booth
некрасивый	ugly	минута	minute
выбирать/выбрать	to choose	до востребования	poste restante
марка	stamp	показывать/показать	to show
посылать/послать	to send	документ	(identity) document
письмо	letter	пугать/ис-	to frighten
покупать/купить	to buy	познакомиться	to get acquainted
открытка	postcard	менять/по-	to change (something)
вид	view	обмен	exchange
посылка	parcel	валюта	hard currency
телеграмма	telegram	просто	it is simple
бандероль (fem.)	printed matter (by post)	угол	corner
		район	region
окно	window	находиться	to be situated
также	also	пункт	point
бланк	form	ближайший	nearest
слово	word	обменный	exchange (adj.)
родитель (masc.)	parent	правильно	correct
забывать/забыть	to forget		

Почта в России

Письма, посылки и телеграммы можно посылать с почты. Оттуда также можно звонить. За границу можно звонить с Центрального телеграфа. На почте обычно можно купить конверты и открытки. Открытки также можно купить в книжных магазинах. На почте можно получать письма до востребования. С некоторых почтовых отделений в больших городах можно послать факсы за границу.

Русские почтовые марки

Ordinal Numbers

первый	шестнадцатый
второй	семнадцатый
третий	восемнадцатый
четвёртый	девятнадцатый
пятый	двадцатый
шестой	двадцать первый
седьмой	двадцать второй
восьмой	тридцатый
девятый	сороковой
десятый	пятидесятый
одиннадцатый	шестидесятый
двенадцатый	семидесятый
тринадцатый	восьмидесятый
четырнадцатый	девяностый
пятнадцатый	сотый

"Де́ньги на́до меня́ть то́лько в пу́нктах"

В Москве́ и в Санкт-Петербу́рге есть дово́льно мно́го обме́нных пу́нктов. Они́ нахо́дятся в райо́нах, где мно́го тури́стов. Та́кже есть госуда́рственные пу́нкты на не́которых ста́нциях метро́. В дру́гих города́х мо́жно меня́ть валю́ту в ба́нках, где вы уви́дите объявле́ние: "ОБМЕН ВАЛЮТЫ".

ГРАММАТИКА

Писа́ть / Написа́ть - to write

In the present tense this has a stem ending in -ш, and a stress change after the first person singular:

Я пишу́, ты пи́шешь, он/она́ пи́шет, мы пи́шем, вы пи́шете, они́ пи́шут

Stress and meaning

Sometimes the stress of a word has an important effect on its meaning.
For example with письмо́ - "a letter":

письма́	-	of the letter
пи́сьма	-	the letters

Plural noun endings

If you used "Ruslan 1" you have already met nominative, accusative and some genitive plural noun endings. Now you meet more genitive endings and the remaining cases. Here is a basic summary:

Nominative and accusative

Most masculine and all feminine nouns use -ы or -и

биле́ты - tickets
кни́ги - books

Neuter nouns and some masculine nouns use -а or -я

пи́сьма - letters

Genitive masculine nouns

Most add -ов	парк	-	мно́го па́рков
Nouns in -й use -ев	трамва́й	-	мно́го трамва́ев
Soft sign nouns use -ей	автомоби́ль	-	мно́го автомоби́лей

Genitive feminine nouns

Most lose the -а	река́	-	мно́го рек
Sometimes they insert -о- or -е-	де́вушка	-	мно́го де́вушек
Soft sign nouns use -ей	пло́щадь	-	мно́го площаде́й
Nouns in -ия use -ий	ста́нция	-	мно́го ста́нций

Genitive neuter nouns

These lose the -о	сло́во	-	шесть слов
Nouns in -е use -ей	мо́ре	-	мно́го море́й
Nouns in -ие use -ий	зда́ние	-	мно́го зда́ний

Dative - All genders use -ам or -ям

Роди́телям в Сара́нск - To my parents in Saransk

Instrumental - All genders use -ами or -ями

С ви́дами Москвы́ - With views of Moscow

Prepositional - All genders use -ах or -ях

Поговори́ть о фотогра́фиях - To talk about the photographs

Plural endings of pronouns.

You met several examples of these in "Ruslan 1". Here is a full table:

Nominative	вы	мы	они́
Accusative	вас	нас	их
Genitive	вас	нас	их
Dative	вам	нам	им
Instrumental	ва́ми	на́ми	и́ми
Prepositional	вас	нас	них

Note that их, им and и́ми become них, ним and ни́ми after prepositions:

Мы бы́ли с ни́ми - We were with them

Verb aspects - imperfective and perfective
Most verbs in Russian have two infinitives, one for each aspect.
Use the perfective infinitive when you are talking about a single complete action:

Я хочу́ поменя́ть де́ньги   -   I want to change some money

Use the imperfective infinitive when you are talking in general:

Де́ньги на́до меня́ть в пу́нктах -   You should change money at
                                                                      (official) points

The imperfective aspect is used for the present tense. It is also used, when you are not stressing a complete action, in the past and in the future (lesson 4).

The perfective aspect is not used in the present, which is by definition incomplete. It is used for single or completed actions, in the past and in the future.

Imperfective	Perfective	
де́лать	сде́лать	to do
посыла́ть	посла́ть	to send
выбира́ть	вы́брать	to choose
забыва́ть	забы́ть	to forget
покупа́ть	купи́ть	to buy
получа́ть	получи́ть	to receive
пуга́ть	испуга́ть	to frighten
говори́ть	поговори́ть	to speak / talk
говори́ть	сказа́ть	to say / tell
меня́ть	поменя́ть	to change

Sometimes the translation into English of the imperfective and perfective aspect of the same verb is different because of the fact that the perfective action is complete:

Сдава́ть экза́мен   to take an exam
Сдать экза́мен   to pass an exam

Examples of aspects in use. Are these verbs imperfective or perfective?

Вы е́ли суп?   Have you had any soup to eat?
Вы съе́ли суп?   Have you eaten all the soup?
Вы купи́ли э́ти ро́зы?   Did you buy these roses?
Да, я купи́л их.   Yes, I bought them.
Что вы де́лали на ры́нке?   What were you doing at the market?
Я покупа́л ро́зы.   I bought / was buying some roses.
Что вы де́лали в суббо́ту?   What did you do on Saturday?
Я рабо́тал в саду́.   I was working in the garden.

1. Отве́тьте на вопро́сы.

а.	Кто посыла́ет телегра́мму?	Пи́тер/Ива́н/Людми́ла
б.	Кто покупа́ет ма́рки?	Пи́тер/Ива́н/Людми́ла
в.	Кто хо́чет посла́ть посы́лку?	Пи́тер/Ива́н/Людми́ла
г.	Кто покупа́ет конве́рты?	Пи́тер/Ива́н/Людми́ла
д.	Кто покупа́ет откры́тки?	Пи́тер/Ива́н/Людми́ла
е.	Кто хо́чет позвони́ть в Со́фрино?	Пи́тер/Ива́н/Людми́ла
ж.	Кто получа́ет пи́сьма?	Пи́тер/Ива́н/Людми́ла
з.	Кто хо́чет поменя́ть до́ллары?	Англича́нин/Прохо́жий
и.	Кто хо́чет поменя́ть фу́нты?	Англича́нин/Прохо́жий

2. Вы́берите слова́.

а. Пи́тер покупа́ет де́сять _____
    и де́сять _____ .

б. Он покупа́ет откры́тки _____ Москвы́.

в. Ива́н хо́чет посла́ть _____ в Сара́нск.

г. Он посыла́ет телегра́мму _____.

д. Он _____ написа́ть а́дрес.

е. Людми́ла хо́чет получи́ть _____.

ж. Она́ получа́ет два _____.

з. Ива́н хо́чет поговори́ть _____.

> телегра́мму
> письма́
> пи́сьма
> ма́рок
> о фотогра́фиях
> конве́ртов
> забы́л
> с ви́дами
> роди́телям

3. О ком? / С кем? / Кому́?
Отве́тьте на вопро́сы, испо́льзуя да́нные слова́

а. Кому́ вы пи́шите письмо́?

б. Кому́ вы звони́те?

в. О ком вы ду́маете?

г. С кем вы живёте?

д. С кем вы рабо́таете?

> роди́тели
> колле́ги
> де́вушки
> друзья́
> клие́нты
> де́ти
> солда́ты
> ма́льчики
> студе́нты
> директора́

4. Соста́вьте словосочета́ния

буке́т	пункт
пе́сня	докуме́нт
обме́н	с пассажи́рами
конве́рт	с коммуни́стами
фальши́вый	роз
ближа́йший	о ро́зах
авто́бус	с макаро́нами
пакт	с ма́рками
бифште́кс	валю́ты

5. **Ви́ды глаго́ла. Вста́вьте глаго́лы в ну́жной фо́рме**

а. Ка́ждый день я _____ газе́ту, но вчера́   покупа́ть /
я та́кже _____ журна́л.   купи́ть

б. Ка́ждый ме́сяц я _____ де́ньги сестре́, но   посыла́ть /
в а́вгусте я та́кже _____ ей конфе́ты.   посла́ть

в. Пи́тер обы́чно _____ де́ньги в ба́нке,   меня́ть /
но вчера́ банк был закры́т. Он _____   поменя́ть
сто до́лларов на ста́нции метро́.

г. Он обы́чно _____ сестре́ пи́сьма, но вчера́   писа́ть / написа́ть
он хоте́л поговори́ть с ней. Он ей _____ .   звони́ть / позвони́ть

ДАВА́ЙТЕ ПОГОВОРИ́М!   УРОК 2

1. **Игра́ в кругу́. О чём вы ду́маете?**
Пе́рвый говори́т: я ду́маю о клие́нтах
Второ́й говори́т: он ду́мает о клие́нтах, а я ду́маю о маши́нах
И т.д.

> клие́нты - ро́зы - футболи́сты - маши́ны
> пи́сьма - де́ти - роди́тели - и т.д.

2. **Рабо́та в па́рах. В Москве́ мно́го...**
Пе́рвый спра́шивает: В Москве́ есть тури́сты?
Второ́й отвеча́ет: Коне́чно! В Москве́ мно́го тури́стов.
И т.д.

> тури́сты - студе́нты - аге́нты - диплома́ты - пенсионе́ры
> маши́ны - авто́бусы - тролле́йбусы - магази́ны - и т.д.

3. **Игра́ с ка́рточками**
Сде́лайте ка́рточки с вопро́сами и со слова́ми из упражне́ния 3
на страни́це 23. Оди́н студе́нт пока́зывает ка́рточку с вопро́сом.
Друго́й пока́зывает ка́рточку с существи́тельным. На́до дать
по́лный отве́т с пра́вильным оконча́нием.

коллеги

Кому вы пишете письмо?

"Я пишу́ письмо́ колле́гам!"

4. **Игра́ в кругу́. На по́чте**

Пе́рвый говори́т: Я хочу́ посла́ть телегра́мму в Минск

Второ́й говори́т: Он хо́чет посла́ть телегра́мму в Минск, а я хочу́ позвони́ть в Томск.

И т.д.

5. **Расскажи́те. Кому́ вы хоти́те посла́ть письмо́ / позвони́ть? О чём?**

Расскажи́те преподава́телю и́ли други́м студе́нтам о том, кому́ вы хоти́те посла́ть письмо́ / позвони́ть, и что вы хоти́те им сказа́ть / написа́ть.

6. **Ролева́я зада́ча в па́рах. На по́чте**

Клие́нт

Хо́чет посла́ть два письма́ в Англию.

Хо́чет купи́ть конве́рты и ма́рки.

Хо́чет посла́ть посы́лку в Азербайджа́н.

Рабо́тник по́чты

Конве́рты сто́ят 4 рубля́ *

Ма́рки для письма́ в Англию сто́ят 3 рубля́ *

Посы́лки - э́то деся́тое окно́.

---

* Поско́льку в после́днее вре́мя в Росси́и инфля́ция, э́ти це́ны мо́гут меня́ться. Реда́ктор.

7. **Кто сказа́л...?**

Спроси́те друг у дру́га, кто сказа́л или написа́л сле́дующее:

"Быть и́ли не быть? Вот в чём вопро́с!"

"Ба́бушка, каки́е у вас бо́льшие зу́бы!"

"Учи́ться, учи́ться, учи́ться!"

"Я слы́шу и забыва́ю. Я ви́жу и запомина́ю. Я де́лаю и мне поня́тно".

"Пролета́рии всех стран, соединя́йтесь!"

Влади́мир Ильи́ч Ле́нин

Карл Маркс

Кита́йский фило́соф

Кра́сная Ша́почка

Га́млет

8. **Вы́учите анекдо́т**

Встре́тились три президе́нта: америка́нец, францу́з и ру́сский.

Францу́з говори́т: У меня́ 10 любо́вниц, одна́ из них - моя́ жена́, но кто - я не зна́ю.

Америка́нец говори́т: У меня́ 10 мини́стров, оди́н из них - аге́нт КГБ, но кто - я не зна́ю.

Ру́сский говори́т: У меня́ 10 сове́тников, оди́н из них - экономи́ст, но кто - я не зна́ю.

Рабóта в грýппе:

Вы хотúте пойтú в рестора́н. У вас спúсок рестора́нов "Городско́й Гид".
В грýппе договорúтесь о том, в како́й рестора́н пойтú и почемý úменно
в э́тот рестора́н.

ГОРОДСКОЙ ГИД - РЕСТОРАНЫ

"САДКО"
Обычный ассортимент в стиле
русской кухни, всегда есть
свободные места.
Пушкинская ул.,4/2 -
тел.292-34-39

"КРОПОТКИНСКАЯ, 36"
Первый в Москве кооперативный
ресторан, стандартная русская
еда, высокие цены.
Ул. Кропоткинская, 36
тел. 201-75-00

"КОЛХИДА"
Приходите со своим вином и
приготовьтесь потанцевать.
Хорошая грузинская кухня.
Садовая-Самотечная, 6,
корпус 2
тел. 299-67-57

"ХРАМ ЛУНЫ"
Маленький китайский ресторанчик
с хорошей кухней и приветливым
обслуживающим персоналом.
Особенно вкусные мясо и
морковь.
Ул. Семашко, 1
тел. 291-04-01
Недалеко ирландский паб
"Рози О'Грэди"

"ГАЛАКСИ"
Английский ресторан, деревянная
отделка, отличное английское
пиво. После полуночи - публика
определённого рода.
Сельскохозяйственный пер., 2
тел. 181-20-74

ДАВАЙТЕ ПОСЛУШАЕМ!

Прослýшайте кассéту и отвéтьте на вопрóсы:

а. Кудá идёт Вадúм?
б. Кудá на́до посла́ть посы́лку?
в. Что на́до купúть?
г. Кто забы́л написа́ть а́дрес на посы́лке?
д. Как фамúлия Олéга?

Peter, Ivan and Lyudmila are in Macdonald's talking about the weather in Russia, in Britain, and in the Crimea. They go outside because the weather is fine.

Peter refuses a cigarette, and talks to Ivan about cars.

In this lesson you will:

☐　　　meet many of the words you need when talking about the weather;

☐　　　learn to use что with subordinate clauses;

☐　　　learn to use comparatives;

☐　　　learn how numbers change their endings in the genitive case.

By the end of the lesson you should be able to talk about the weather, to make some comparisons between Russia and Britain, and to say what you like doing at different times of the year.

The reading passage is a note on the weather in Russia written by a student of Moscow University.

"Нельзя́ оставля́ть маши́ну на у́лице, осо́бенно зимо́й."

В КРЫМУ

В АНГЛИИ

© A.LAUCHLAN

Ива́н, Людми́ла и Пи́тер в "Макдо́нальдсе"

Ива́н:	Это пра́вда, что англича́не всё вре́мя говоря́т о пого́де?
Пи́тер:	Да, англича́не ча́ще говоря́т о пого́де, чем ру́сские.
Ива́н:	Интере́сно почему́?
Пи́тер:	Наве́рно, потому́ что в Англии пого́да ча́сто меня́ется и есть о чём поговори́ть. А како́й кли́мат в Сара́нске?
Ива́н:	В Сара́нске, как и в Москве́, кли́мат континента́льный. Холо́дная, сне́жная зима́. До тридцати́ гра́дусов моро́за. Пото́м коро́ткая весна́ и жа́ркое ле́то. Лю́да, а како́е вре́мя го́да вы бо́льше лю́бите?
Людми́ла:	Я люблю́ зи́му. Осо́бенно но́чью, когда́ снег. "Чёрный ве́чер, бе́лый снег, ве́тер, ве́тер..."
Пи́тер:	А я зна́ю э́ту поэ́му. Алекса́ндр Блок. "Двена́дцать".
Людми́ла:	Да. Вы хорошо́ зна́ете ру́сскую литерату́ру?
Пи́тер:	Непло́хо.
Ива́н:	Это пра́вда, что в Ло́ндоне всегда́ тума́н и ча́сто идёт дождь?
Пи́тер:	Дождь да, но тума́н - э́то ерунда́. У нас ма́ло тума́на. Ме́ньше, чем в Санкт-Петербу́рге.

Па́уза

Людми́ла:	Ива́н был неда́вно в Ло́ндоне.
Ива́н:	Нет, я был в Бирминге́ме, а в Ло́ндоне то́лько в аэропорту́. В Ло́ндоне пого́да была́ лу́чше, чем в Бирминге́ме: бы́ло тепло́ и свети́ло со́лнце. В Бирминге́ме бы́ло холодне́е.
Людми́ла:	Кли́мат в Англии, как в Крыму́. То́лько, по-мо́ему, в Крыму́ тепле́е.
Ива́н:	Да, в Крыму́ тепле́е... Бирминге́м интере́сный го́род, но ма́ленький!
Пи́тер:	А как же так?! По-мо́ему, полтора́ миллио́на люде́й.
Людми́ла:	А Ло́ндон о́чень большо́й го́род, бо́льше Москвы́.
Ива́н:	Не мо́жет быть!
Людми́ла:	Коне́чно. Это столи́ца Великобрита́нии... Зна́ете что, пойдёмте на у́лицу. Пого́да така́я хоро́шая!
Ива́н:	Да, ничего́. Быва́ет ху́же.

На у́лице

Ива́н:	Так зимо́й в Англии не быва́ет сне́га?
Пи́тер:	Быва́ет, но ре́дко, осо́бенно на ю́ге страны́.
Ива́н:	Если зимо́й нет сне́га и всё вре́мя идёт дождь, нельзя́ занима́ться спо́ртом...
Пи́тер:	Это непра́вда! Мы занима́емся спо́ртом и зимо́й, и ле́том, и о́сенью, и весно́й! Англича́не о́чень лю́бят спорт!
Ива́н:	А каки́м спо́ртом вы занима́етесь?
Пи́тер:	Ра́ньше я игра́л в кри́кет. А тепе́рь нет вре́мени: я мно́го рабо́таю.
Людми́ла:	Ой! Уже́ пять часо́в, мне пора́ домо́й. До свида́ния.
Ива́н:	Куда́ же вы, Людми́ла! Я хоте́л пригласи́ть вас в кино́.
Людми́ла:	У меня́ сего́дня нет вре́мени. В друго́й раз. До свида́ния, Пи́тер.
Пи́тер:	До свида́ния. Я вам позвоню́.

Ива́н и Пи́тер разгова́ривают о маши́нах

Ива́н: Пи́тер, вы хоти́те покури́ть?

Пи́тер: Нет, спаси́бо. Я не курю́. Англича́не ку́рят ме́ньше, чем ру́сские.

Ива́н: Пи́тер, а у вас в А́нглии есть маши́на?

Пи́тер: Да, у меня́ но́вый Форд.

Ива́н: Ско́лько он сто́ил?

Пи́тер: Четы́рнадцать ты́сяч фу́нтов. Но, по-мо́ему, у нас маши́ны сто́ят доро́же, чем у вас.

Ива́н: Да. У нас немно́жко деше́вле.

Пи́тер: А у вас есть маши́на?

Ива́н: Нет. Я хочу́ купи́ть "Жигули́", но у меня́ нет гаража́. У нас нельзя́ оставля́ть маши́ну на у́лице, осо́бенно зимо́й.

погода	weather	недавно	recently
ча́ще	more often	лу́чше	better
чем	than	тепло́	warm
наве́рно	probably	свети́ть	to shine
кли́мат	climate	со́лнце	sun
меня́ться	to change (itself)	по-мо́ему	in my opinion
континента́льный	continental	полтора́	one and a half
сне́жный	snowy	лю́ди	people
гра́дус	degree	страна́	country
моро́з	frost	дождь (masc.)	rain
коро́ткий	short	Крым	Crimea
жа́ркий	hot	столи́ца	capital city
вре́мя го́да	season, time of year	Великобрита́ния	Great Britain
бо́льше	more	быва́ть	to be (regularly)
осо́бенно	especially	ху́же	worse
ночь (fem.)	night	ре́дко	rarely
снег	snow	кури́ть/по-	to smoke
ве́тер	wind	маши́на	car
поэ́ма	(long) poem	немно́жко	a bit
литерату́ра	literature	дешёвый	cheap
тума́н	fog	оставля́ть/оста́вить	to leave
ерунда́	nonsense		
ме́ньше	less		

Времена́ го́да

весна́	spring
ле́то	summer
о́сень(fem.)	autumn
зима́	winter

КОМПАС

Се́вер

За́пад — Восто́к

Юг

Жигули́

"Жигули́" йли "Ла́да" - э́то популя́рная маши́на, сде́ланная в го́роде Тольятти на Во́лге.

Алекса́ндр Блок. "Двена́дцать"

Изве́стная поэ́ма о револю́ции в Петрогра́де.

Отры́вок из поэ́мы: *Чёрный ве́чер.*
Бе́лый снег.
Ве́тер, ве́тер!
На нога́х не стои́т челове́к.
Ве́тер, ве́тер -
На всём бо́жьем све́те!

...

Крым

Полуо́стров на Чёрном мо́ре. Тепе́рь Крым нахо́дится на террито́рии Украи́ны. Тёплый кли́мат, осо́бенно на ю́жном берегу́. Больши́е города́ - Симферо́поль (областно́й центр), Севасто́поль (гла́вный порт) и Ялта (изве́стный куро́рт). Пло́щадь Кры́ма 26 ты́сяч квадра́тных киломе́тров.

Вдоль ю́жного бе́рега Кры́ма - о́чень краси́вые го́ры. Крым сла́вится свои́ми виногра́дниками. Кры́мская война́ (1853-56) - война́ ме́жду Росси́ей и коали́цией А́нглии, Фра́нции и Ту́рции.

На ю́жном берегу́ Кры́ма. За́мок называ́ется "Ла́сточкино гнездо́"

Это пра́вда, что ...? - Is it true that ...?
Here что is used as a conjunction to join the two halves of the sentence. In this position it is always preceded by a comma:

> Я зна́ю, что он здесь   -   I know that he is here

Англича́не - English people
Nouns ending in -ин usually replace this with -е in the nominative plural:

> англича́нин   -   an Englishman   (an Englishwoman is англича́нка)
> англича́не   -   Englishmen / people

Comparative adjectives
The regular way to form these is to add -ee to the stem of the adjective:

> тёплый - warm   тепле́е - warmer

However, as here, there may be stress changes, and several common adjectives have consonant changes or are irregular. These have to be learnt by heart, but it helps to remember that all the comparative forms end in -e.

хоро́ший	good	лу́чше	better
дорого́й	expensive	доро́же	more expensive
плохо́й	bad	ху́же	worse
дешёвый	cheap	деше́вле	cheaper
ста́рый	old	ста́рше	older
большо́й	big	бо́льше	bigger
ма́ленький	small	ме́ньше	smaller
молодо́й	young	моло́же	younger
ча́сто	often	ча́ще	more often

Comparative adjectives may be followed by the genitive case, or by чем and the nominative:

> Ло́ндон бо́льше Москвы́

or   Ло́ндон бо́льше, чем Москва́

До тридцати́ гра́дусов моро́за - Up to thirty degrees of frost
Numbers decline. At this stage you will mostly meet the genitive.
Numbers from five up decline as feminine soft sign nouns.

Nominative	Genitive	
оди́н / одна́ / одно́	одного́ (masc. and neut.)	одно́й (fem.)
два / две	двух (all genders)	
три	трёх	
четы́ре	четырёх	
пять	пяти́	
шесть	шести́	
семь	семи́ и т.д.	

> С двух до трёх часо́в   -   From two to three o'clock
> Около двадцати́ студе́нтов -   About twenty students

Ночью - at night

To say "at night", use the instrumental case on its own.
Also ýтром - "in the morning", днём - "in the day", вéчером - "in the evening".

Весной, лéтом, óсенью, зимóй

In the same way, to say "in spring" etc. use the instrumental case on its own.

Идёт дождь - It is raining

Learn this as a set phrase. Also идёт снег - "it is snowing".

В аэропортý, в Крымý

More examples of irregular prepositional case endings. See Ruslan 1 Lesson 10.

Лю́ди - people

This is used as the plural form of человéк - "a person".
The genitive plural is людéй.

Снег быва́ет рéдко - There is rarely snow

This is an example of the verb быва́ть - "to be" - which is used for regular or repeated events.

Мне пора́ домóй - Time for me to go home

Learn the word домóй as a set expression meaning "to home".
Here the verb "to go" is understood

УПРАЖНЕНИЯ   УРОК 3

1.   Отвéтьте на вопрóсы

а.	Где чáще меня́ется погóда?	В Англии / В Россйи
б.	Кто бóльше говорйт о погóде?	Англичáне / Рýсские
в.	Где холоднéе зимóй?	В Англии / В Россйи
г.	Где теплéе лéтом?	В Англии / В Крымý
д.	Кто бóльше лю́бит зйму?	Людмйла / Пйтер
е.	Какóй гóрод бóльше?	Лóндон / Москвá
ж.	Где машйны дорóже?	В Англии / В Россйи
з.	Кто бóльше кýрит?	Англичáне / Рýсские.

2.   Найдйте нýжное слóво

а.   Англичáне _____ говоря́т о погóде, чем рýсские.
б.   В Лóндоне дождь идёт _____, но снег быва́ет _____.
в.   Лóндон _____ гóрод, _____ Москвы́.
г.   Англичáне _____ кýрят, чем рýсские.
д.   Ивáн говорйт, что машйны стóят _____ в Россйи, чем в Англии.

> часто - бóльше - большóй - дешéвле
> чáще - рéдко - мéньше

3. **Где э́то?**

а. Там тепле́е, чем в Ло́ндоне.

б. Там ча́сто идёт дождь, осо́бенно зимо́й.

в. Го́род о́чень большо́й, но ме́ньше Ло́ндона.

г. Там бо́льше тума́на, чем в Ло́ндоне.

д. Там де́лают маши́ны "Жигули́".

Москва́
Крым
Тольятти
Санкт-Петербу́рг
Ло́ндон

4. **Отве́тьте на вопро́сы по образцу́**

- *Что Людми́ла говори́т о зиме́?*
- *Она́ говори́т, что лю́бит зи́му.*

а. Что Пи́тер говори́т о спо́рте?

б. Что Пи́тер говори́т о рабо́те?

в. Что Людми́ла говори́т о Кры́ме?

г. Что Пи́тер говори́т о сигаре́тах?

д. Что Ива́н говори́т о маши́нах?

5. **Соста́вьте словосочета́ния**

хоро́шая	снег
континента́льный	весна́
три́дцать гра́дусов	ве́чер
коро́ткая	го́род
чёрный	кли́мат
бе́лый	пого́да
большо́й	моро́за

6. **Это быва́ет и́ли не быва́ет?**

а. Москва́. Янва́рь. Очень тепло́. 20 гра́дусов.

б. Ло́ндон. Янва́рь. Идёт дождь. 5 гра́дусов.

в. Москва́. Февра́ль. Идёт снег. Ми́нус 10 гра́дусов.

г. Ло́ндон. Июль. Очень хо́лодно. Идёт снег.

д. Ирку́тск. Дека́брь. Тепло́. Два́дцать гра́дусов.

ДАВАЙТЕ ПОГОВОРИМ!

1. **Игра́ в кругу́.**

Како́й ме́сяц вы лю́бите бо́льше?

Пе́рвый говори́т: Я бо́льше люблю́ янва́рь.

Второ́й говори́т: Он бо́льше лю́бит янва́рь, а я бо́льше люблю́ а́вгуст.

И т.д.

2. **Города́.**

Как вы ду́маете, како́й го́род бо́льше, како́й го́род ме́ньше?

Ло́ндон / Москва́
Санкт-Петербу́рг / Бирминге́м
Манче́стер / Екатеринбу́рг
Омск / Челя́бинск
И т.д.

Наприме́р:
- Москва́ бо́льше Ло́ндона?
- Нет, я ду́маю, что Ло́ндон бо́льше Москвы́.

Населе́ние ру́сских городо́в	
Москва́	8.967.000
Санкт-Петербу́рг	5.020.000
Ни́жний Но́вгород	1.438.000
Новосиби́рск	1.436.000
Екатеринбу́рг	1.367.000
Сама́ра	1.257.000
Омск	1.148.000
Челя́бинск	1.143.000
Каза́нь	1.094.000
Пермь	1.091.000
Уфа́	1.083.000
Росто́в-на-Дону́	1.020.000
(стати́стика на 1993г.)	

3. **Коммуникати́вная игра́**

Узна́йте у други́х студе́нтов, ско́лько им лет.
Пото́м реши́те, кто ста́рше и кто моло́же.
(Мо́жно сказа́ть непра́вду, е́сли хоти́те!)

- Ско́лько вам лет?
- Два́дцать шесть. А вам?
- Мне два́дцать два го́да.
- Зна́чит, вы моло́же меня́!
- Да, а вы ста́рше меня́!

4. **О пого́де. Диску́ссия**
- Кака́я сего́дня пого́да?
- Кака́я сего́дня пого́да в Москве́?
- Кака́я сего́дня пого́да в Ло́ндоне?
- Кака́я была́ пого́да вчера́?
- Кака́я бу́дет пого́да за́втра?

5. Ролева́я зада́ча в па́рах. Ру́сский и англича́нин обсужда́ют пого́ду в Росси́и и в А́нглии.

Разыгра́йте диало́г, снача́ла с по́мощью уче́бника, пото́м самостоя́тельно.

Ру́сский
Росси́я больша́я страна́.
Кли́мат разнообра́зный.
В Москве́ зимо́й быва́ет хо́лодно. Снег, моро́з.
Ле́том быва́ет жа́рко.
Кли́мат континента́льный.

В А́нглии мно́го тума́на?

Англича́нин
В А́нглии пого́да ча́сто меня́ется. Ча́сто идёт дождь.
Ле́том быва́ет жа́рко, но не ча́сто. Зимо́й иногда́ хо́лодно, наприме́р быва́ет ми́нус два.
Снег идёт ре́дко.

Нет, сейча́с ма́ло тума́на.
Ра́ньше бы́ло мно́го.

6. Соста́вьте посло́вицы:

В гостя́х хорошо́,...

Ти́ше е́дешь,...

Ме́ньше говори́,...

Одна́ голова́ хорошо́,...

Кто не согла́сен с маршру́том, ...

а бо́льше де́лай!

а две лу́чше!

тот мо́жет сойти́!

да́льше бу́дешь!

а до́ма лу́чше!

ДАВА́ЙТЕ ПОСЛУ́ШАЕМ!   УРО́К 3

Прослу́шайте прогно́з пого́ды и отве́тьте на вопро́сы:
а. Кака́я сейча́с температу́ра?
б. Но́чью бу́дет холодне́е или тепле́е?
в. За́втра бу́дет снег?
г. За́втра бу́дет моро́з?

7. **Работа в парах. "О погоде"**

Сегодня 14-ое мая. Задайте друг другу вопросы о погоде в Москве и в Московской области. Один студент смотрит на карту погоды. Другой спрашивает, какая погода в следующих городах:

| Клин | Волоколамск | Можайск |
| Серпухов | Чёрусти | Сергиев Посад |

Например: - В Можайске идёт дождь?
            - Да.
            - В Волоколамске светит солнце?
            - Нет.
            И т.д.

МОСКВА И МОСКОВСКАЯ ОБЛАСТЬ
КАРТА ПОГОДЫ НА 14 МАЯ

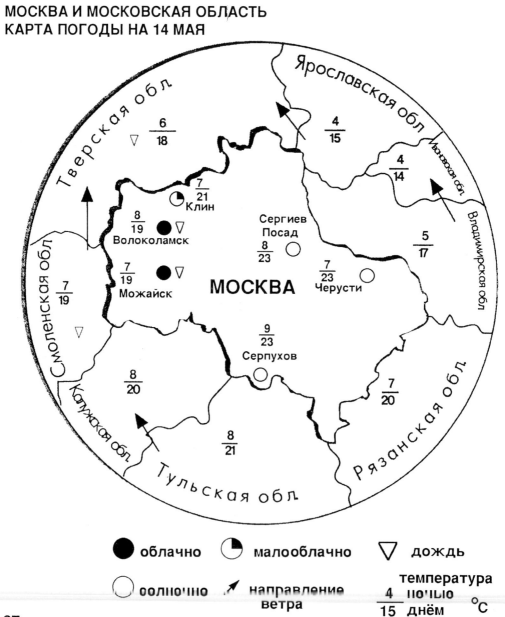

Что вы зна́ете о кли́мате в Росси́и?
Постара́йтесь отве́тить на сле́дующие вопро́сы:

а.   Како́й кли́мат в европе́йской ча́сти Росси́и?
б.   Где зима́ холодне́е, в Сиби́ри и́ли на Во́лге?
в.   Где ле́то длинне́е, в Москве́ и́ли в Яку́тии?
г.   Где бо́льше тума́нов, в Москве́ и́ли в Санкт-Петербу́рге?

Тепе́рь прочита́йте текст. Там вы найдёте отве́ты.

Кли́мат в Росси́и

Росси́я - больша́я страна́, поэ́тому кли́мат на всей её террито́рии разнообра́зный. В Москве́ холо́дная, сне́жная и моро́зная зима́, тогда́ как в Астрахани, на Во́лге, зима́ тепле́е, а в Сиби́ри - гора́здо холодне́е.

В Москве́ кли́мат континента́льный (холо́дная, сне́жная зима́ и тёплое, иногда́ жа́ркое ле́то), а в Яку́тии, наприме́р, резко континента́льный (о́чень холо́дная дли́нная зима́ и коро́ткое жа́ркое ле́то). В Санкт-Петербу́рге ча́сто быва́ют дожди́ и тума́ны, и пого́да ча́сто меня́ется.

Температу́ра в Москве́ ле́том от 15 до 35 гра́дусов, а зимо́й от 30 гра́дусов моро́за до 5 гра́дусов тепла́.

Пи́шет Константи́н Козло́в, студе́нт географи́ческого факульте́та Моско́вского Госуда́рственного Университе́та (МГУ).

ПИШИТЕ!

Напиши́те два сочине́ния:

а.   "Пого́да в Англии и в Росси́и."
б.   "Каки́е ме́сяцы го́да я люблю́ и почему́."

Lyudmila telephones Peter to arrange a trip to Sergiev Posad. They agree to go on Wednesday, and arrange to meet in the metro. Later on Ivan calls on Lyudmila with a bunch of red roses, and asks her to go out to the shops. Meanwhile the типи́чный англича́нин has problems meeting someone at a metro station.

In this lesson you will:

- ☐   meet many of the words you need for making arrangements to meet ;

- ☐   meet the imperfective future which is used to say what you will be doing regularly or for a period of time in the future;

- ☐   meet the perfective future tense which is used for a specific thing you are going to do;

- ☐   meet the genitive singular of masculine adjectives;

- ☐   learn to talk about doing something on a particular day or in a particular month;

- ☐   learn to tell the time, with minutes to and from the hour.

There is a lot of information on the Moscow metro, including the reading passage.

В моско́вском метро́ вы уви́дите:

© A. LAUCHLAN

В но́мере Пи́тера звони́т телефо́н

Пи́тер:	241-05-79. Я вас слу́шаю.
Людми́ла:	Пи́тер, до́брое у́тро. Это Людми́ла говори́т.
Пи́тер:	Что?
Людми́ла:	Это Людми́ла!
Пи́тер:	Людми́ла! Я не слы́шу! Я перезвоню́, ла́дно?

Пи́тер перезвони́л

Людми́ла:	Алло́!
Пи́тер:	Людми́ла! Тепе́рь лу́чше! Тепе́рь хорошо́ слы́шно. Как дела́?
Людми́ла:	Ничего́, спаси́бо. Пи́тер, я звоню́, чтобы договори́ться о пое́здке в Заго́рск.
Пи́тер:	Что? Ага́, Заго́рск? Это Се́ргиев Поса́д, да? Поня́тно. Очень хорошо́! Когда́ мы пое́дем? Когда́ у вас бу́дет вре́мя?
Людми́ла:	Сего́дня суббо́та... Вы реши́ли, что вы бу́дете де́лать в понеде́льник?
Пи́тер:	Я бу́ду рабо́тать, коне́чно. А в воскресе́нье?
Людми́ла:	Нет. В воскресе́нье бу́дет о́чень мно́го наро́ду в электри́чке. Не бу́дет ме́ста. Все бу́дут е́хать на да́чу.
Пи́тер:	Это бу́дет о́чень интере́сно.
Людми́ла:	Пи́тер, я не хочу́ в воскресе́нье. А что вы бу́дете де́лать в сре́ду?
Пи́тер:	Сейча́с, я посмотрю́ календа́рь.

Он смо́трит календа́рь

Пи́тер:	Сейча́с... да, хорошо́, мо́жно в сре́ду. Когда́ на́до встре́титься?
Людми́ла:	Лу́чше встре́титься ра́но. Чем ра́ньше, тем лу́чше. Подожди́те, я посмотрю́ расписа́ние поездо́в. Да... Наш по́езд отправля́ется с Яросла́вского вокза́ла. На́до быть там в де́вять часо́в. Дава́йте встре́тимся в метро́. Вы пое́дете со ста́нции "Арба́тская", да?
Пи́тер:	Да. Это кра́сная ли́ния.
Людми́ла:	Хорошо́. Тогда́ встре́тимся в метро́ на ста́нции Комсомо́льская, на платфо́рме. Пе́рвый ваго́н. Без двадцати́ де́вять. Жди́те меня́ там на платфо́рме и не уходи́те.
Пи́тер:	Хорошо́, я по́нял. Ста́нция Комсомо́льская. Пе́рвый ваго́н. Без двадцати́ де́вять. Я бу́ду там.
Людми́ла:	Отли́чно. Мы сра́зу отту́да пойдём на вокза́л, ку́пим биле́ты. На́ша электри́чка отправля́ется в де́сять мину́т деся́того, и мы бу́дем в Заго́рске в полови́не оди́ннадцатого.
Пи́тер:	Очень хорошо́. Договори́лись! До среды́.
Людми́ла:	До среды́, счастли́во!

В кварти́ре у Зво́новых. Звоно́к

Ива́н:	Людми́ла! Здра́вствуйте!
Людми́ла:	Ива́н?! Како́й сюрпри́з! Что вы здесь де́лаете? А э́то что? Кра́сные ро́зы?! Это мои́ люби́мые цветы́!
Ива́н:	Да? Они́ для вас. Людми́ла, пойдёмте в магази́н!
Людми́ла:	Сейча́с?
Ива́н:	Да, е́сли вам удо́бно.
Людми́ла:	В како́й магази́н?
Ива́н:	Я зна́ю оди́н о́чень хоро́ший универма́г недалеко́ от Белору́сского вокза́ла.
Людми́ла:	А заче́м?
Ива́н:	Лю́дочка, я хочу́ сде́лать вам пода́рок.
Людми́ла:	Пода́рок? Како́й? Почему́? У меня́ день рожде́ния в январе́, а сейча́с то́лько май.
Ива́н:	Я ско́ро возвраща́юсь в Сара́нск и хочу́...
Людми́ла:	Ла́дно. Дава́йте встре́тимся в пя́тницу. То́лько не здесь. Встре́тимся в це́нтре. Около Центра́льного телегра́фа в два часа́. Хорошо́?
Ива́н:	Отли́чно! Договори́лись! До пя́тницы. До свида́ния.

Типи́чный англича́нин

Англича́нин:	До́брый ве́чер! Где вы бы́ли?
Ру́сская:	В метро́, как мы договори́лись.
Англича́нин:	А я вас ждал це́лый час. Шёл дождь. Бы́ло о́чень хо́лодно.
Ру́сская:	Ах вот как! Вы жда́ли меня́ на у́лице! А я ждала́ вас на платфо́рме!

перезвони́ть	(perfective) to ring back	ваго́н	carriage
слы́шно	audible	отту́да	from there
что́бы	in order to	понима́ть/поня́ть	to understand
договори́ться	(perfective) to agree	Счастли́во!	Cheerio!
пое́здка	trip / journey	ро́за	rose
реши́ть	(perfective) to decide	люби́мый	favourite
наро́д	people	цвето́к	a flower
электри́чка	electric train	цветы́	flowers
е́хать	to go (by transport)	удо́бно	convenient
да́ча	summer house	универма́г	department store
календа́рь (masc.)	diary	пода́рок	present
расписа́ние	timetable	ско́ро	soon
по́езд	train	це́лый	whole
встреча́ться/встре́титься	to meet	о́коло (plus genitive)	near
ра́но	early	дождь (masc.)	rain
отправля́ться/отпра́виться	to depart	шёл дождь	it was raining
вокза́л	(main) railway station		
ли́ния	line		
платфо́рма	platform		

Ярославский вокзал

Большой железнодорожный вокзал в Москве. Отсюда отправляются поезда на восток - на Урал, в Сибирь, в Казахстан. В Сергиев Посад идёт электричка. Рядом с Ярославским вокзалом находятся ещё два вокзала - Ленинградский и Казанский. С Ленинградского вокзала отправляются поезда на север - в Санкт-Петербург, в Архангельск, в Мурманск. С Казанского вокзала отправляются поезда во Владивосток и в Казань.

Белорусский вокзал

Тоже большой железнодорожный вокзал. Отсюда отправляются поезда на запад - в Смоленск, в Варшаву, в Берлин, в Париж и в Лондон.

"Встретимся в метро"

Русские часто встречаются не на улице, а в метро на платформе. Особенно зимой, потому что в метро тепло.

Станция метро "Чистые Пруды". Рано утром. Идёт снег.

В московском метро вы услышите:

"Осторожно, двери закрываются, следующая станция - Комсомольская"

"Уважаемые пассажиры, при выходе из поезда, не забывайте свои вещи!"

"Уважаемые пассажиры, будьте осторожны при выходе из последней двери последнего вагона!"

"Переход на Кольцевую линию закрыт!"

Я бу́ду рабо́тать

This is an imperfective future tense, used to talk about something that will happen regularly or for a period of time in the future. It is formed with the verb быть and the imperfective infinitive:

я бу́ду рабо́тать	-	I will be working
ты бу́дешь рабо́тать	-	you will be working
он/она́ бу́дет рабо́тать	-	he/she will be working
мы бу́дем рабо́тать	-	we will be working
вы бу́дете рабо́тать	-	you will be working
они́ бу́дут рабо́тать	-	they will be working

Other examples from the dialogues:

Все бу́дут е́хать на да́чу	-	Everyone will be going to their dacha
Что вы бу́дете де́лать в сре́ду?	-	What will you be doing on Wednesday?

Когда́ мы пое́дем? - When shall we go?

This is a perfective future tense, used to talk about a single event in the future. It is formed by conjugating the perfective infinitive. The endings are the same as for the present tense.

я пое́ду	-	I will go
ты пое́дешь	-	you will go
он/она́ пое́дет	-	he/she will go
мы пое́дем	-	we will go
вы пое́дете	-	you will go
они́ пое́дут	-	they will go

Other examples from the dialogues:

я перезвоню́	-	I'll ring back
я посмотрю́ календа́рь	-	I'll have a look at my diary
мы встре́тимся в метро́	-	we will meet in the metro
мы пойдём на вокза́л	-	we will walk to the station
мы ку́пим биле́ты	-	we'll buy the tickets

Мно́го наро́ду - a lot of people

This is an irregular (partitive) genitive.

с Яросла́вского вокза́ла - from the Yaroslavsky station

This is an example of the genitive singular of masculine adjectives. Note that the ending "-ого" is pronounced "-ово". Neuter nouns have the same ending. Examples:

недалеко́ от Белору́сского вокза́ла	-	not far from Belorussky station
о́коло ру́сского рестора́на	-	near the Russian restaurant
буты́лка кра́сного вина́	-	a bottle of red wine

в понеде́льник - on Monday
в сре́ду - on Wednesday
To talk about something happening on a particular day of the week use the accusative case.

в январе́ - in January
To say "in January", "in February" etc. use в with the prepositional case.
Watch out for stress changes!

янва́рь	в январе́
февра́ль	в феврале́
март	в ма́рте
апре́ль	в апре́ле
май	в ма́е
ию́нь	в ию́не
ию́ль	в ию́ле
а́вгуст	в а́вгусте
сентя́брь	в сентябре́
октя́брь	в октябре́
ноя́брь	в ноябре́
дека́брь	в декабре́

Без десяти́ де́вять - Ten to nine
You met the use of the 24 hour clock in Ruslan 1. In conversation Russians more often use the following more complicated system:

Minutes past the hour are expressed as minutes of the next hour.
For "Five past eight" say "Five minutes of the ninth":

пять мину́т девя́того	-	five past eight
че́тверть деся́того	-	quarter past nine
полови́на двена́дцатого	-	half past eleven
(sometimes abbreviated to полдвена́дцатого)		

Add в to say "at" a particular time:

в пять мину́т девя́того	-	at five past eight
в полови́не шесто́го	-	at half past five

Minutes before the hour are expressed with без and the genitive case:

без десяти́ де́вять	-	ten minutes to nine
без че́тверти три	-	a quarter to three

Do not add в before без to say "at" a particular time:

Я бу́ду там без десяти́ де́вять - I'll be there at ten to nine

Шёл дождь - it was raining
Literally "The rain was going". Шёл is the past tense of идти́ - "to go (by foot)"

Masculine:	Он / я / ты шёл	He / I was going / You were
Feminine:	Она́ / я / ты шла	going etc.
Plural:	Они́ / мы / вы шли	

1. **Найди́те пра́вильный отве́т на вопро́сы**
а. Почему́ Людми́ла звони́ла Пи́теру?
б. Почему́ Пи́тер перезвони́л?
в. Что Пи́тер бу́дет де́лать в понеде́льник?
г. Почему́ Людми́ла не хо́чет пое́хать в Се́ргиев Поса́д в воскресе́нье?
д. Почему́ Пи́тер не хо́чет пое́хать в понеде́льник?
е. В како́й день они́ пое́дут?
ж. Где они́ встре́тятся?

В метро́.
В сре́ду.
Потому́ что он рабо́тает.
Что́бы договори́ться о пое́здке.
Он бу́дет рабо́тать.
Потому́ что бу́дет мно́го наро́ду.
Потому́ что пло́хо слы́шно.

2. **Отве́тьте на вопро́сы**
а. Кто зна́ет хоро́ший универма́г?
б. Кому́ Ива́н хо́чет сде́лать пода́рок?
в. Когда́ у Людми́лы день рожде́ния?
г. Когда́ они́ встре́тятся?
д. Где они́ встре́тятся?

Людми́ле/Тама́ре
В пя́тницу/В сре́ду
В ма́е/В январе́
Людми́ла/Ива́н
Около магази́на /
Около телегра́фа

3. **Вста́вьте ну́жный глаго́л**
а. Я вас пло́хо _____.
б. Что вы _____ де́лать в понеде́льник?
в. Я бу́ду _____.
г. А в сре́ду _____ пое́дем в Се́ргиев Поса́д.
д. Я _____ расписа́ние.
е. В электри́чке _____ о́чень мно́го наро́ду.
ж. Мы _____ в метро́.
з. Мы _____ биле́ты на вокза́ле.
и. И _____ в Се́ргиев Поса́д.

бу́дете
дава́йте
слы́шу
ку́пим
встре́тимся
рабо́тать
посмотрю́
пое́дем
бу́дет

4. **Соста́вьте словосочета́ния**

Дóброе
расписа́ние
кра́сные
пе́рвый
день
встре́тимся

рожде́ния
у́тро!
на платфо́рме
ро́зы
ваго́н
поездо́в

5. **Соста́вьте фра́зы по образцу́**
- *Буты́лка..* [кра́сное вино́]
- *Буты́лка кра́сного вина́*

а. Недалеко́ от ... [Яросла́вский вокза́л]
б. Это фотогра́фия ... [мой брат]
в. Схе́ма ... [моско́вское метро́]
г. Бато́н ... [бе́лый хлеб]
д. Па́спорт... [америка́нский тури́ст]

6. **Ско́лько вре́мени? Найди́те пра́вильный отве́т**
а. Полови́на второ́го
б. Два́дцать пять мину́т шесто́го
в. Пять мину́т двена́дцатого
г. Два́дцать мину́т пя́того
д. Без десяти́ де́вять
е. Без че́тверти шесть
ж. Полчетвёртого
з. Без десяти́ три

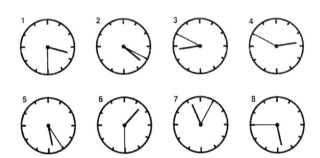

7. **Соста́вьте предложе́ния по образцу́:**
В понеде́льник я бу́ду рабо́тать весь день,
а ве́чером я пойду́ в рестора́н.

ПОНЕДЕЛЬНИК	*Рабо́та*	*Рестора́н*
ВТОРНИК	*Рабо́та*	*Теа́тр*
СРЕДА	*Рабо́та*	*Футбо́л*
ЧЕТВЕРГ	*Рабо́та*	*Кино́*
ПЯТНИЦА	*Рабо́та*	*Поликли́ника*
СУББОТА	*Рабо́та*	*Да́ча*
ВОСКРЕСЕНЬЕ	*Лови́ть ры́бу*	

1. **Игра́ в кругу́.**
   Что вы бу́дете де́лать в суббо́ту?
   Пе́рвый говори́т: В суббо́ту я бу́ду игра́ть в те́ннис.
   Второ́й говори́т: В суббо́ту он бу́дет игра́ть в те́ннис, а я бу́ду
                         отдыха́ть.
   И т.д.

2. **Рабо́та в па́рах. Где мы встре́тимся?**
   Пе́рвый говори́т: Где мы встре́тимся в понеде́льник?
   Второ́й говори́т: В понеде́льник дава́йте встре́тимся о́коло клу́ба,
                         а где мы встре́тимся во вто́рник?
   Пе́рвый говори́т: Хорошо́, в понеде́льник встре́тимся о́коло клу́ба.
                         Во вто́рник дава́йте всре́тимся о́коло кита́йского
                         рестора́на, а где мы встре́тимся в сре́ду?
   И т.д.

3. **Магази́н "Нет". Рабо́та в па́рах**
   Вы покупа́ете проду́кты. У вас есть спи́сок проду́ктов. К сожале́нию
   в магази́не проду́ктов нет.

   -      У вас есть францу́зское вино́?
   -      Нет. Францу́зского вина́ нет!

Список продуктов
Французское вино
испанское вино
английское пиво
белый хлеб
чёрный хлеб
русская водка

4. **Ско́лько вре́мени?**
   Сде́лайте часы́ из бума́ги, и́ли нарису́йте их.
   Зада́йте друг дру́гу вопро́сы о том, ско́лько вре́мени.

5. **Рабо́та в па́рах.**
   Вы всегда́ всё де́лаете на полчаса́ по́зже ва́шего сосе́да!

   -      Я за́втракаю в во́семь часо́в.
   -      А я за́втракаю в полови́не девя́того!
   -      В де́сять мину́т девя́того я уже́ в метро́.
   -      А я в метро́ без двадцати́ де́вять.
   -      Я начина́ю рабо́ту ………
   -      А я начина́ю рабо́ту ………
   -      Я пью ко́фе ………
   -      А я пью ко́фе ………
   -      Я обе́даю ………
   -      А я обе́даю ………
   -      Я конча́ю рабо́ту ………
   -      А я конча́ю рабо́ту ………

4. **Рабо́та в па́рах.**
   Вы в метро́. Вы и́щете авто́бусную остано́вку

   - Скажи́те, пожа́луйста, где остано́вка три́дцать
     восьмо́го авто́буса?
   - Иди́те нале́во.
   - Где остано́вка шестьдеся́т седьмо́го тролле́йбуса?
   - Иди́те напра́во.
   - И т.д.

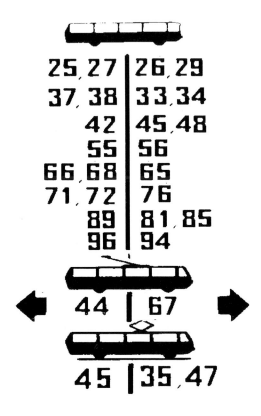

5. **Рабо́та в па́рах. Зада́йте друг дру́гу вопро́сы:**
   В како́м ме́сяце ваш день рожде́ния?
   В како́м ме́сяце день рожде́ния ва́шего му́жа / ва́шей жены́?
   В како́м ме́сяце день рожде́ния ва́шего бра́та / ва́шей сестры́?
   В како́м ме́сяце день рожде́ния ва́шего сы́на / ва́шей до́чери?

ДАВАЙТЕ ПОСЛУШАЕМ!

Прослу́шайте кассе́ту и отве́тьте на вопро́сы:
а. Почему́ Людми́ла звони́т Тама́ре?
б. Они́ встре́тятся сего́дня?
в. Они́ встре́тятся за́втра?
г. Где они́ встре́тятся?

Что вы зна́ете о моско́вском метро́? Постара́йтесь отве́тить на сле́дующие вопро́сы:

а. Как вы ду́маете, когда́ на́чали стро́ить моско́вское метро́?
В 1932-ом году́ / В 1942-ом году́ / В 1922-ом году́

б. Как вы ду́маете, ско́лько ли́ний в моско́вском метро́?
5 / 9 / 12

в. Как вы ду́маете, ско́лько ста́нций?
50 / 80 / 130

г. В други́х города́х Росси́и есть метро́?

д. Ско́лько сто́ит прое́зд в моско́вском метро́?

Тепе́рь прочита́йте текст. Там вы найдёте отве́ты

Моско́вское метро́

Строи́тельство моско́вского метро́ начало́сь в ты́сяча девятьсо́т три́дцать второ́м году́. Оно́ всё ещё стро́ится. На сего́дня в моско́вском метро́ де́вять ли́ний и о́коло ста тридцати́ ста́нций. На метро́ ка́ждый день е́здит не́сколько миллио́нов люде́й.

Для прое́зда в метро́ на́до купи́ть ка́рточку (то есть биле́т). Ка́рточка на одну́ пое́здку сто́ит четы́ре рубля́. Ка́рточка на де́сять пое́здок сто́ит три́дцать рубле́й. (Це́ны 1999ого го́да). Что́бы прое́хать, наприме́р, от ста́нции "Смоле́нская" до ста́нции "Комсомо́льская", снача́ла на́до дое́хать до ста́нции "Алекса́ндровский сад". Там на́до сде́лать переса́дку на ста́нцию "Библиоте́ка и́мени Ле́нина" и отту́да дое́хать до ста́нции "Комсомо́льская".

Метро́ есть в не́которых други́х города́х, наприме́р в Санкт-Петербу́рге, в Новосиби́рске, в Ни́жнем Но́вгороде.

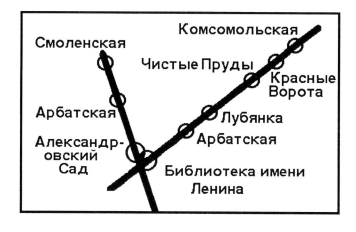

Lyudmila has some worrying symptoms and has to visit the doctor, but he won't prescribe her any medicine.

Ivan is there too with a bad tooth, but forgets his pain when he sees Lyudmila.

Meanwhile the типи́чный англича́нин has eaten something that disagreed with him!

In this lesson you will:

☐   meet words you need when visiting the doctor;

☐   learn the words for the parts of the body;

☐   meet the remaining singular endings of feminine adjectives;

☐   meet the dative singular of masculine adjectives.

The reading passage is a fax from a tourist agency about a traveller who has fallen ill, and at the end of the lesson there is a song - an old gypsy romance - "Don't go away, my darling!"

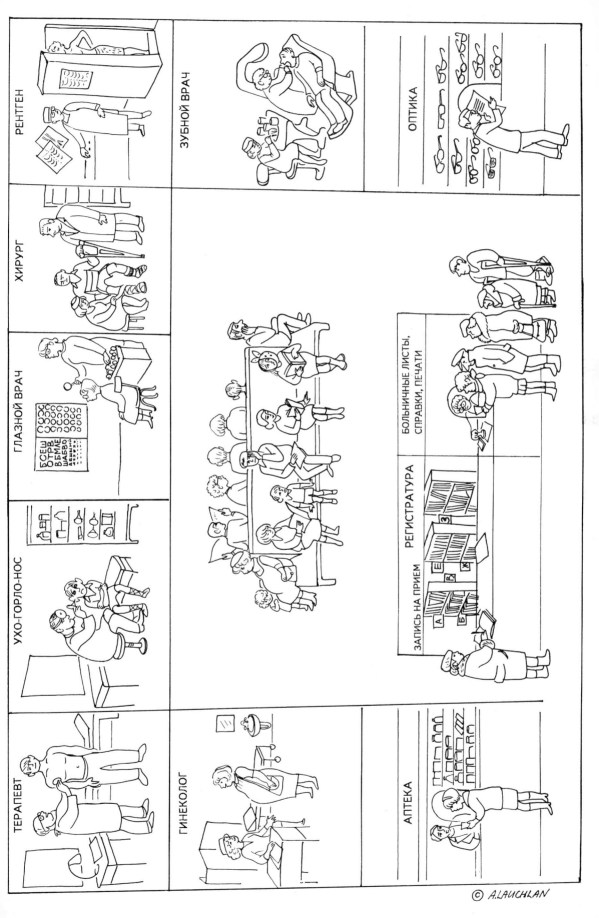

РЕНТГЕН

ЗУБНОЙ ВРАЧ

ОПТИКА

ХИРУРГ

ГЛАЗНОЙ ВРАЧ

УХО-ГОРЛО-НОС

БОЛЬНИЧНЫЕ ЛИСТЫ, СПРАВКИ, ПЕЧАТИ

РЕГИСТРАТУРА

ЗАПИСЬ НА ПРИЕМ

ТЕРАПЕВТ

ГИНЕКОЛОГ

АПТЕКА

© A.LAUCHLAN

В поликли́нике

Медсестра́:	Сле́дующий, пожа́луйста. Проходи́те.
Людми́ла:	Спаси́бо.

У врача́

Людми́ла:	Здра́вствуйте.
Врач:	Здра́вствуйте. Сади́тесь. Как ва́ша фами́лия?
Людми́ла:	Ки́сина Людми́ла Алекса́ндровна.
Врач:	Что с ва́ми?
Людми́ла:	Я не зна́ю, что со мной, до́ктор. Я всё вре́мя пло́хо себя́ чу́вствую. Голова́ боли́т, тошни́т. Осо́бенно пло́хо по утра́м.
Врач:	Как давно́ вы себя́ пло́хо чу́вствуете?
Людми́ла:	О́коло ме́сяца.
Врач:	Го́рло боли́т?
Людми́ла:	Нет, го́рло не боли́т и температу́ра норма́льная.
Врач:	Как вы сейча́с себя́ чу́вствуете?
Людми́ла:	Сейча́с, ... ничего́.
Врач:	Дава́йте я послу́шаю се́рдце и лёгкие.

Врач слу́шает Людми́лу

Врач:	Се́рдце и лёгкие в поря́дке. Зна́ете что, дава́йте сде́лаем все ана́лизы. Вот вам направле́ние на ана́лизы. Приходи́те че́рез неде́лю.
Людми́ла:	А что мне принима́ть от головно́й бо́ли?
Врач:	Ничего́. Я не рекоменду́ю вам принима́ть лека́рства. Рекоменду́ю как мо́жно бо́льше отдыха́ть. Вот вам реце́пт на о́чень хоро́шие поливитами́ны. Здесь в поликли́нике есть апте́ка. Принима́йте по одно́й табле́тке в день. Пока́ всё, а пото́м посмо́трим.
Людми́ла:	Спаси́бо, до́ктор. До свида́ния.

У Ива́на боли́т зуб

Ива́н:	У меня́ боли́т зуб. Да́йте, пожа́луйста, тало́н к зубно́му врачу́.
Регистра́тор:	Когда́ вы хоти́те?
Ива́н:	Сейча́с, е́сли мо́жно.
Регистра́тор:	Это о́страя боль?
Ива́н:	Коне́чно. Мне о́чень пло́хо.
Регистра́тор:	Как до́лго боли́т?
Ива́н:	Два дня. Одну́ мину́точку! Людми́ла...! Людми́ла! Это вы? Здра́вствуйте! Вот так встре́ча! Что вы здесь де́лаете? Вы бы́ли у врача́? Что с ва́ми?
Людми́ла:	Ничего́ осо́бенного.
Регистра́тор:	Молодо́й челове́к! Вам на́до к зубно́му врачу́ и́ли нет?!
Ива́н:	Да, но подожди́те. Мне на́до поговори́ть с э́той де́вушкой... Людми́ла, куда́ же вы? Подожди́те! Я иду́ с ва́ми.

Типи́чный англича́нин заболе́л

Англича́нин: Здра́вствуйте, до́ктор. Мне о́чень пло́хо.
Врач: Сади́тесь, пожа́луйста. Откро́йте рот и скажи́те "Ааа!"
Англича́нин: Ааа!
Врач: Да. Интере́сно. А что с ва́ми?
Англича́нин: У меня́ боли́т живо́т. Я ду́маю, что я что́-то съел в столо́вой.
Врач: Ага́! Вы что́-то съе́ли. Температу́ра есть?
Англича́нин: Ка́жется, да.
Врач: У вас расстро́йство желу́дка?
Англича́нин: Одну́ мину́тку. Я посмотрю́ в словаре́. Где мой очки́?
(берёт очки́ и смо́трит в словаре́)
Да, то́чно. У меня́ расстро́йство желу́дка.
Врач: Поня́тно. Возьми́те реце́пт на табле́тки. Я рекоменду́ю пить мно́го жи́дкости, отдыха́ть и бо́льше не ходи́ть в столо́вую.
Англича́нин: Большо́е вам спаси́бо, до́ктор.
Врач: Не́ за что!

медсестра́	nurse	поливитами́ны	multivitamins
сле́дующий	next	апте́ка	chemist's
что с ва́ми?	what's wrong with you?	табле́тка	tablet
чу́вствовать себя́	to feel (oneself)	тало́н	appointment card
голова́	head	зуб	tooth
боле́ть	to be ill/to ache/to hurt	зубно́й врач	dentist
(меня́) тошни́т	(I) feel sick	регистра́тор	receptionist
ме́сяц	month	о́стрый	acute / sharp
го́рло	throat	рот	mouth
температу́ра	temperature	столо́вая	canteen
норма́льный	normal	что́-то	something
се́рдце	heart	расстро́йство	disturbance
лёгкие	lungs	желу́док	stomach
ана́лиз	test	слова́рь (masc.)	dictionary
направле́ние	appointment	очки́	glasses
че́рез	in (a period of time)	брать/взять	to take
неде́ля	week	жи́дкость (fem.)	liquid
принима́ть/приня́ть	to take	Не́ за что!	Don't mention it!
боль (fem.)	pain		
рекомендова́ть	to recommend		
лека́рство	medicine		
отдыха́ть/отдохну́ть	to rest		
реце́пт	prescription		

Я что́-то съел - I have eaten something

Here что́-то means "something". The hyphenated suffix -то can be used with other question words in a similar way:

кто́-то - someone
где́-то - somewhere

Где мои очки́? - Where are my glasses?

Очки́ is a plural noun with no singular. The genitive plural is очко́в.

Жи́дкость - liquid

Most nouns that end in -ость are feminine. More examples:

ско́рость - speed
до́лжность - post / duty

The only such word in this course that is masculine is гость - "guest"

Ко́рни - roots

You can often guess the meaning of Russian words from the root.

боль   - pain
больни́ца   - hospital
больно́й   - patient
боле́ть   - to hurt / to be ill

Search through the dictionary at the end of the book for more examples.

УПРАЖНЕНИЯ

1.   Найди́те отве́ты на вопро́сы.

а.   Почему́ Людми́ла идёт к врачу́?
б.   Как давно́ она́ себя́ пло́хо чу́вствует?
в.   Что врач рекоменду́ет?
г.   У кого́ боли́т зуб?
д.   У кого́ боли́т живо́т?
е.   Что рекоменду́ет врач?

> Около ме́сяца.
> У англича́нина.
> У Ива́на.
> Не ходи́ть в столо́вую.
> Потому́ что она́ пло́хо себя́ чу́вствует.
> Принима́ть поливитами́ны и отдыха́ть.

2.   Вста́вьте слова́:

а.   Людми́ла пло́хо себя́ _____, осо́бенно по _____. Она́ _____ себя́ чу́вствует о́коло _____. Врач слу́шает её _____ и _____. Он говори́т, что всё _____, но он _____ отдыха́ть. Он _____ ей _____ на поливитами́ны.

> реце́пт - даёт - лёгкие - чу́вствует - пло́хо - утра́м
> ме́сяца - рекоменду́ет - се́рдце - в поря́дке

б.　Ива́н _____ тало́н к _____ врачу́. Он сказа́л, _____ боли́т_____.
Но когда́ он _____ Людми́лу, он _____ о _____.
Он спра́шивал, почему́ она́ _____ у _____.

> была́ - зубно́му - зуб - зу́бе - врача́
> забы́л - хоте́л - что - уви́дел

3.　Вста́вьте пропу́щенные слова́

а.　Я пло́хо себя́ _____.
б.　Голова́ _____.
в.　Принима́йте по одно́й _____ в день.
г.　Мне пло́хо по _____.
д.　Я не _____ принима́ть лека́рства.
е.　Вот вам _____ на поливитами́ны.
ж.　В поликли́нике есть _____?

> боли́т
> табле́тке
> рекоменду́ю
> апте́ка
> реце́пт
> утра́м
> чу́вствую

4.　Вста́вьте ну́жное сло́во

а.　Я не хочу́ чита́ть. У меня́ боля́т _____.
б.　Я не хочу́ есть. У меня́ боли́т _____.
в.　Он не хо́чет идти́ гуля́ть. У него́ боли́т _____.
г.　Я не могу́ писа́ть. У меня́ боли́т _____.

> живо́т
> рука́
> нога́
> глаза́

ДАВА́ЙТЕ ПОГОВОРИ́М!

1.　Рабо́та в па́рах. Ча́сти лица́ и те́ла. Что есть что?

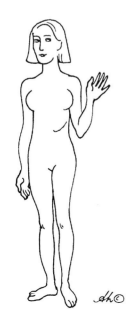

Борода́	Нос
Глаз	Па́лец
Глаза́	Подборо́док
Голова́	Рот
Го́рло	Рука́
Грудь	Усы́
Гу́бы	Ухо
Живо́т	Уши
Коле́но	Ше́я
Лицо́	Щека́
Ло́коть	Язы́к
Нога́	

2. **Человеческое те́ло**
Преподава́тель и́ли оди́н из студе́нтов говори́т: "Покажи́те ру́ку!"
Все студе́нты должны́ показа́ть ру́ку.
И т.д.

3. **Коммуникати́вная игра́ в кругу́. "В за́ле ожида́ния"**
Пе́рвый говори́т: "У меня́ боли́т голова́."
Второ́й говори́т: "У него́ / неё боли́т голова́, а у меня́ боли́т зуб."
И т.д.

4. **Ролева́я зада́ча в па́рах - "У врача́".** Разыгра́йте диало́г, снача́ла с по́мощью уче́бника, пото́м самостоя́тельно.

Врач
Приве́тствует больно́го.
Спра́шивает, что с ним / с ней.
Осма́тривает го́рло.
Слу́шает се́рдце, лёгкие.
Говори́т, что всё в поря́дке, на́до то́лько отдыха́ть.
Если ну́жно, даёт табле́тки от головно́й бо́ли.

Больно́й
Объясня́ет, что пло́хо спит, что голова́ боли́т и что нет аппети́та.
Про́сит табле́тки от головно́й бо́ли.

---

5. **Игра́ в кругу́. "Кому́ вы пи́шете письмо́?"**
Пе́рвый говори́т: "Я пишу́ письмо́ но́вому президе́нту."
Второ́й говори́т: "Он пи́шет письмо́ но́вому президе́нту, а я пишу́ письмо́ моско́вской студе́нтке."
И т.д.

но́вый президе́нт - америка́нский аге́нт - ста́рый коммуни́ст
ру́сский журнали́ст - молода́я актри́са - англи́йский бизнесме́н
моско́вская студе́нтка - краси́вая журнали́стка

---

6. **Игра́ в гру́ппе**
Оди́н студе́нт выхо́дит из ко́мнаты. Други́е реша́ют, кто из них но́вый президе́нт, кто америка́нский аге́нт и т.д.
Студе́нт возвраща́ется в ко́мнату.
Попроси́те его́ отда́ть вино́ но́вому президе́нту.
Студе́нт до́лжен узна́ть, кто но́вый президе́нт, и отда́ть вино́ э́тому челове́ку.

7. **Игра́ с ка́рточками. Кому́ вы хоти́те позвони́ть?**
Сде́лайте ка́рточки со слова́ми из упражне́ния 6 и со сле́дующими
вопро́сами:

Кому́ вы хоти́те позвони́ть?
Кому́ вы хоти́те написа́ть письмо́?
Кому́ вы хоти́те посла́ть факс?
И т.д.

Студе́нты по о́череди пока́зывают по две ка́рточки в па́рах и даю́т
отве́ты друг дру́гу, испо́льзуя слова́ на ка́рточках.

"Я хочу́ посла́ть факс америка́нскому аге́нту!"

8. **Отры́вок из ска́зки "Кра́сная Ша́почка"**
Вы́учите отры́вок, пото́м расскажи́те его́ друг дру́гу.

Кра́сная Ша́почка спра́шивает у во́лка:
- Ба́бушка, почему́ у тебя́ таки́е больши́е ру́ки ?
- А э́то, что́бы покре́пче обня́ть тебя́, дорога́я моя́.
- Ба́бушка, а почему́ у тебя́ таки́е больши́е у́ши ?
- А э́то, что́бы лу́чше слы́шать тебя́, дорога́я моя́.
- Ба́бушка, почему́ у тебя́ таки́е больши́е глаза́ ?
- А э́то, что́бы лу́чше ви́деть тебя́, дорога́я моя́.
- Ба́бушка, каки́е у тебя́ больши́е зу́бы !
- Э́то, что́бы скоре́е съесть тебя́ !!!

ДАВА́ЙТЕ ПОСЛУ́ШАЕМ!	УРО́К 5

Прослу́шайте кассе́ту и отве́тьте на вопро́сы:
а. Что боли́т у Ива́на?
б. Ско́лько вре́мени боли́т?
в. Он принима́ет лека́рства?
г. На что у него́ аллерги́я?

Что случи́лось с Ма́йклом?! Сын ва́ших друзе́й Майкл Смит пое́хал в Росси́ю как тури́ст, но он не верну́лся с гру́ппой. Его́ роди́тели получи́ли факс из Москвы́. Узна́йте:

а.   От кого́ э́тот факс?
б.   Где Майкл сейча́с?
в.   Что с ним случи́лось?
г.   Когда́ он прие́дет домо́й?
д.   Ну́жно ли посла́ть ему́ де́ньги?

ЦЕНТРАЛЬНОЕ ТУРИСТИЧЕСКОЕ АГЕНТСТВО
Озерковская наб. 50, г. Москва
тел. 095-235-14-68
факс 095-235-13-04

Факс
12.08.93
Господину Смиту
0121 433 1289

Уважаемый Господин Смит!
Вам пишет представитель Центрального Туристического Агентства, Вячеслав Дуров. Дело в том, что Ваш сын Майкл серьёзно заболел. Во Владимире у него сильно заболел живот. Сначала мы думали, что он что-то съел или выпил, но врачи сказали, что у него аппендицит, и ему нужна срочная операция. Мы отвезли Майкла в Москву, и там вчера его прооперировали. Операция прошла хорошо, и Майкл уже чувствует себя гораздо лучше. Врачи думают, что через неделю он сможет поехать домой. Мы постараемся взять ему билет на воскресенье, 20-ое августа, и сообщим Вам факсом или по телефону номер рейса.

Мы очень сожалеем о случившемся, но надеемся, что теперь у вашего сына всё будет хорошо.

С уважением

Дуров

Вячеслав Дуров

РОМАНС: "НЕ УЕЗЖÁЙ, ТЫ, МОЙ ГОЛУБЧИК!"

Не уезжáй, ты, мой голýбчик!
Печáльно жить мне без тебя.
Дай на прощáнье обещáнье,
Что не забýдешь ты меня.

Скажú, ты, мне,
Скажú, ты, мне,
Что лю́бишь меня!
Что лю́бишь меня!

Скажú, ты, мне,
Скажú, ты, мне,
Что лю́бишь ты меня!

Когдá порóй тебя не ви́жу,
Грустнá, задýмчива сижý.
Когдá речéй твои́х не слы́шу,
Мне кáжется, я не живý.

Поёт Мари́я Тхорже́вская.
На гитáре игрáет Дан Ви́нер.
Мари́я и Дан живýт и рабóтают
в Швейцáрии.

Ivan takes Lyudmila to the shops to buy her a present. She has a thorough session in the women's clothes department. Ivan also wants to buy a compact disc, but they are distracted by seeing Peter. What can he be buying in the jewellery department?! Meanwhile the типи́чный англича́нин is buying some of his favourite chocolate!

In this lesson you will:

☐ meet many of the words you need when shopping;

☐ learn to talk about colours and sizes;

☐ meet the prepositional singular of masculine adjectives , as in: на пе́рвом этаже́ - on the ground floor;

☐ meet the superlative of adjectives.

There is also a full summary of adjective and possessive pronoun endings.

There are two reading passages, one is from the bargain pages and the other an article on the work of Cadbury's in Russia.

В магази́не ГУМ - Госуда́рственный Универса́льный Магази́н

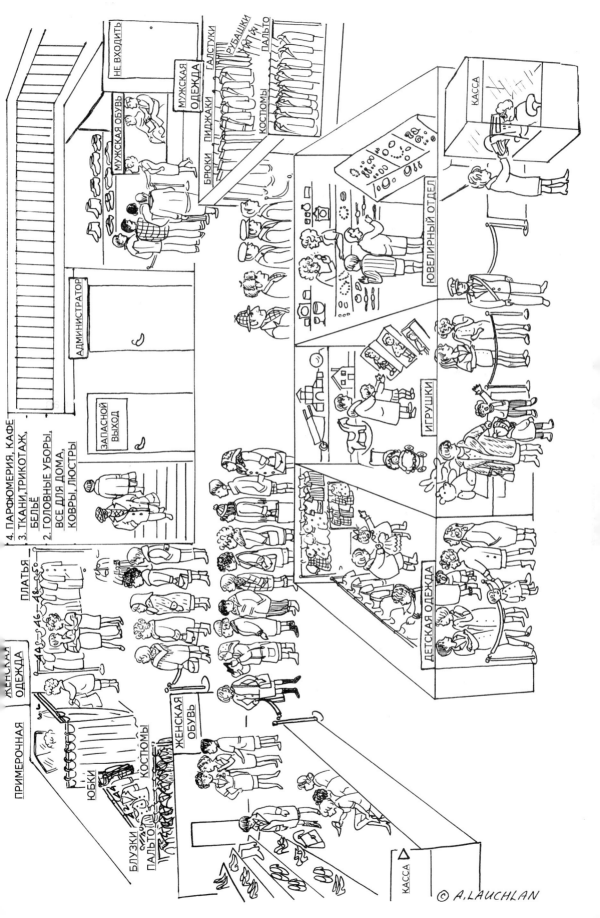

В магазине

Иван: Хороший магазин, правда? Посмотрим! "Парфюмерия", "Хрусталь"... Куда мы пойдём? Я хочу подарить вам хорошие часы. Тогда каждый раз, когда вы будете смотреть на часы, вы будете думать обо мне.

Людмила: Не надо! Часы у меня уже есть. Пойдёмте в отдел женской одежды. Это на втором этаже.

В отделе женской одежды

Людмила: Девушка, можно посмотреть вот это платье?

Продавщица: Зелёное?

Людмила: Да. Сколько оно стоит?

Продавщица: Пятьсот рублей. *

Людмила: Можно его померить?

Продавщица: Пожалуйста.

Людмила мерит платье

Людмила: Это платье мне мало. Оно сорок четвёртого размера. А сорок шестой размер у вас есть?

Продавщица: Посмотрим. Сорок шестой размер... Зелёного нет. Есть жёлтого цвета, синего, коричневого и красного.

Иван: Людочка, возьмите красное платье!

Людмила: Да! Я возьму красное платье и серую юбку.

Продавщица: Хорошо. Платите в кассу.

Иван платит в кассу

Людмила: Большое спасибо, Иван. Это хороший подарок. Вы думаете, что платье мне идёт?

Иван: Да, конечно. Это очень красивое платье.

Людмила: А юбка не велика?

Иван: Нет, конечно. Она короткая, но это вам идёт.

Людмила: Какой вы милый человек! А я хочу посмотреть сапоги. Девушка! А где у вас отдел обуви?

Продавщица: Отдел обуви закрыт.

Иван: Как жаль! А где отдел пластинок? Я хочу купить компакт-диск....

Продавщица: На первом этаже.

Людмила: Подождите, Иван, мне надо купить шляпу и плащ.

Иван: Люда, смотрите... вон наш англичанин!

Людмила: Где? Я его не вижу.

Иван: Вон там, в сером костюме.

Людмила: Да, действительно, это Питер! Интересно, что он покупает в ювелирном отделе?!

(На кассете вы можете услышать 5.000 рублей - старая цена. Редактор.)

Пи́тер покупа́ет кольцо́

Пи́тер: Скажи́те пожа́луйста, ско́лько сто́ит э́то кольцо́?
Продавщи́ца: Две́сти во́семьдесят.
Пи́тер: Это зо́лото?
Продавщи́ца: Зо́лото.
Пи́тер: Хорошо́, я возьму́ его́. В каку́ю ка́ссу на́до плати́ть?
Продавщи́ца: Во втору́ю нале́во.

Типи́чный англича́нин покупа́ет шокола́д

Англича́нин: Како́й шокола́д вы рекоменду́ете?
Ру́сский: Я рекоменду́ю шокола́д "Кэ́дбери". Это са́мый лу́чший шокола́д. Рекла́ма так и говори́т: "То́лько настоя́щий шокола́д мо́жет носи́ть и́мя "Кэ́дбери"! Фи́рма начала́ продава́ть шокола́д в Росси́и в девяно́сто второ́м году́. По-мо́ему, шокола́д о́чень вку́сный.
Англича́нин: Хорошо́. Я то́же ду́маю, что э́то са́мый вку́сный шокола́д. Да́йте, пожа́луйста, две пли́тки "Фрут энд нат".

парфюме́рия	perfume department	о́бувь (fem.)	footwear
хруста́ль	crystal	пласти́нка	record
часы́	watch / clock (plural noun)	компакт-ди́ск	compact disc
тогда́	then	шля́па	hat
отде́л	department	плащ	raincoat
же́нский	women's	ювели́рный	jewellery (adj.)
оде́жда	clothes	вон	over there
пла́тье	dress	костю́м	suit
продаве́ц/-щи́ца	salesperson	кольцо́	ring
ме́рить/по-	to try on	зо́лото	gold
мал/мала́/мало́/малы́	small	плати́ть/за-	to pay
разме́р	size	са́мый	the most
цвет	colour	лу́чший	the best
ю́бка	skirt	настоя́щий	real
вели́к/велика́/велико́/велики́	big	носи́ть	to carry
ми́лый	kind / nice	продава́ть/прода́ть	to sell
сапоги́	boots	пли́тка	bar

цвета́	colours
бе́лый	white
голубо́й	pale blue
зелёный	green
жёлтый	yellow
кори́чневый	brown
кра́сный	red
ро́зовый	pink
си́ний	dark blue
се́рый	grey
чёрный	black

"Плати́те в ка́ссу"

В ру́сских магази́нах традицио́нная систе́ма обслу́живания - така́я:

1. На́до узна́ть це́ну това́ра.
2. На́до заплати́ть де́ньги в ка́ссу. Вы пла́тите де́ньги и получа́ете чек.
3. Вы отдаёте чек продавцу́ и получа́ете това́р.

"На второ́м этаже́"

В ру́сском до́ме пе́рвый эта́ж - э́то англи́йский "ground floor",
второ́й эта́ж - э́то англи́йский "first floor", и т.д.

Гости́ница "Октя́брьская" в То́мске.
Ско́лько здесь этаже́й?

ГРАММАТИКА УРОК 6

Обо мне - about me
Learn this as an irregularity.

На второ́м этаже́ - On the second floor (English first floor!)

This is an example of the masculine prepositional singular adjective ending in -ом.
This applies to both masculine and neuter adjectives:

в се́ром костю́ме	-	in a grey suit
в ювели́рном отде́ле	-	in the jewellery department
об э́том магази́не	-	about this shop
на Чёрном мо́ре	-	on the Black Sea
на ю́жном берегу́	-	on the southern shore
в моско́вском метро́	-	in the Moscow metro
на Яросла́вском вокза́ле	-	in the Yaroslavsky station
о хоро́шем студе́нте	-	about the good student

Пла́тье мне мало́ - The dress is too small for me
Ю́бка мне велика́ - The skirt is too big for me
Вели́к and мал are short form adjectives (see Ruslan 1 lesson 5). In the sense of
" too large" and "too small" for clothes they have no corresponding long form.

Есть жёлтого цве́та - There is a yellow one
Literally: "There is one of a yellow colour".

Пла́тье мне идёт - The dress suits me
This is an example of the idiomatic use of the verb идти́ meaning "to suit".

Я его́ не ви́жу - I can't see him
Second conjugation verbs (see Ruslan 1 lesson 7) with their stem ending in -д
mutate this to -ж in the first person singular of the present or perfective future:
> Я ви́жу, ты ви́дишь, он/она́ ви́дит, мы ви́дим, вы ви́дите, они́ ви́дят

Во втору́ю ка́ссу - At the second cash desk
The letter "o" is inserted after the "в" because otherwise the three consonants
coming together would be difficult to pronounce.

Са́мый вку́сный шокола́д - The most tasty chocolate
The word са́мый is used to form the superlative adjective.
> Са́мая дорога́я маши́на - The most expensive car
> Са́мые культу́рные лю́ди - The most cultured people

В девяно́сто второ́м году́ - in (nineteen) ninety-two
"In a year" uses an irregular prepositional ending - в году́. The ordinal number
is an adjective in agreement: "In the ninety-second year". You may also need:
> in the year 2,000 - в двухты́сячном году́
> in 2,001 - в две ты́сячи пе́рвом году́ ... и т.д.

Summary of the declension of adjectives
You have now met all the singular forms of adjectives, as well as the nominative
and accusative plural. Here is the full table, singular and plural. You will meet the
remaining plural endings in the next few lessons. For a summary of the use of
cases see Ruslan 1, page 103.

	Masculine	Neuter	Feminine	Plural (all genders)
Nominative	краси́вый	краси́вое	краси́вая	краси́вые
Accusative	краси́вый	краси́вое	краси́вую	краси́вые
Genitive	краси́вого	краси́вого	краси́вой	краси́вых
Dative	краси́вому	краси́вому	краси́вой	краси́вым
Instrumental	краси́вым	краси́вым	краси́вой	краси́выми
Prepositional	краси́вом	краси́вом	краси́вой	краси́вых

The effect of the Spelling Rules
The vowel ы cannot follow the consonants к,г,ж,х,ч,ш or щ. It is replaced by и:
> с комме́рческим дире́ктором - with the commercial director
> об англи́йских студе́нтах - about the English students

Unstressed о cannot follow ж, ц, ч, ш or щ. It has to be replaced with е:
> буты́лка хоро́шего вина́ - a bottle of good wine

"Soft" adjectives

There are a small number of "soft" adjectives which use -и instead of -ы, and -е instead of -о throughout. So far you have met си́ний - "dark blue" and после́дний - "last".

тре́тий - "third"

This has its own, slightly different, declension. You will need:

на тре́тьем этаже́   -   on the third floor

Declension of possessive pronouns мой and твой

These have a declension that looks similar to that of adjectives There are a few small differences. Can you find them? Here is the full declension of мой:

	Masculine	Neuter	Feminine	Plural (all genders)
Nominative	мой	моё	моя́	мои́
Accusative	мой	моё	мою́	мои́
Genitive	моего́	моего́	мое́й	мои́х
Dative	моему́	моему́	мое́й	мои́м
Instrumental	мои́м	мои́м	мое́й	мои́ми
Prepositional	моём	моём	мое́й	мои́х

Declension of possessive pronouns наш and ваш

These are similar again, but find the vowel and stress differences:

	Masculine	Neuter	Feminine	Plural (all genders)
Nominative	ваш	ва́ше	ва́ша	ва́ши
Accusative	ваш	ва́ше	ва́шу	ва́ши
Genitive	ва́шего	ва́шего	ва́шей	ва́ших
Dative	ва́шему	ва́шему	ва́шей	ва́шим
Instrumental	ва́шим	ва́шим	ва́шей	ва́шими
Prepositional	ва́шем	ва́шем	ва́шей	ва́ших

Это мои́ друзья́   -   These are my friends
О ва́ших но́вых контра́ктах   -   About your new contracts
Кварти́ра моего́ отца́   -   My father's flat
В на́шей кни́ге   -   In our book

Его́, её and их - meaning "his", "her" and "their" - never change

Кварти́ра её отца́   -   Her father's flat
В их кни́ге   -   In their book

Этот - "this" or "that" - has its own declension:

	Masculine	Neuter	Feminine	Plural (all genders)
Nominative	э́тот	э́то	э́та	э́ти
Accusative	э́тот	э́то	э́ту	э́ти
Genitive	э́того	э́того	э́той	э́тих
Dative	э́тому	э́тому	э́той	э́тим
Instrumental	э́тим	э́тим	э́той	э́тими
Prepositional	э́том	э́том	э́той	э́тих

с э́тим клие́нтом   -   with this client
на э́том этаже́   -   on that floor

1.   Отве́тьте на вопро́сы
а.   Кто хо́чет пойти́ в отде́л же́нской оде́жды?   Людми́ла / Ива́н
б.   Это на како́м этаже́?   На пе́рвом / На второ́м
в.   Како́е пла́тье покупа́ет Людми́ла?   Кра́сное / Зелёное
г.   Что Ива́н хо́чет купи́ть?   Пласти́нку / Компакт-ди́ск
д.   Что покупа́ет Пи́тер?   Костю́м / Кольцо́

2.   Вста́вьте слова́
Ива́н хо́чет сде́лать _____ Людми́ле, потому́ что он _____
в Сара́нск. Они́ иду́т в _____. Людми́ла_____ зелёное
_____, но оно́ ей _____. Наконе́ц она́ _____
_____ пла́тье и се́рую _____.

Пото́м они́ _____ в отде́л пласти́нок, потому́ что Ива́н хо́чет
_____ компакт-ди́ск.

Пи́тер то́же в _____. Он покупа́ет кольцо́ в _____ отде́ле.

кра́сное - возвраща́ется - ювели́рном - купи́ть - пла́тье - не идёт
магази́н - магази́не - пода́рок - ю́бку - иду́т - ме́рит - покупа́ет

---

3.   В магази́не. Отве́тьте на вопро́сы
а.   Где мо́жно купи́ть ю́бку?
б.   Где мо́жно купи́ть во́дку?
в.   Где мо́жно купи́ть кольцо́?   В отде́ле о́буви
г.   Где мо́жно купи́ть ту́фли?   В отде́ле пласти́нок
д.   Где мо́жно купи́ть пласти́нку?   В отде́ле же́нской оде́жды
                                            В ювели́рном отде́ле
                                            В отде́ле спиртны́х напи́тков

4.   Соста́вьте словосочета́ния

хоро́шие	этаже́
на второ́м	о́буви
кра́сная	ю́бка
большо́е	шокола́д
ми́лый	спаси́бо
отде́л	часы́
золото́е	челове́к
вку́сный	кольцо́

5. **Вста́вьте слова́**

а. Са́мая дли́нная _____ в Евро́пе - _____.

б. Са́мый _____ ру́сский поэ́т - Алекса́ндр Серге́евич _____.

в. Са́мый _____ музе́й Росси́и - _____.

г. Са́мая _____ река́ в Сиби́ри - _____.

д. Са́мое _____ о́зеро в Сиби́ри - _____.

е. Са́мое _____ ме́сто в Росси́и - _____.

ж. Са́мая высо́кая гора́ в Росси́и - _____.

з. _____ - э́то _____ лу́чший шокола́д!

> река́ - изве́стный - дли́нная - холо́дное - большо́й
> большо́е - са́мый

> Верхоя́нск - Во́лга - Пу́шкин - Обь - Эрмита́ж
> Эльбру́с - Байка́л - Кэ́дбери

ДАВАЙТЕ ПОГОВОРИМ!

1. **Рабо́та в па́рах. Что есть что?**

блу́зка   перча́тки
га́лстук   руба́шка
джи́нсы   сви́тер
ке́пка   шарф
носки́   ю́бка

2. **Спра́шивайте и отвеча́йте**

Како́го цве́та трава́?   -   Трава́ зелёная.
Како́го цве́та лимо́н?   -   Лимо́н жёлтый.
Како́го цве́та росси́йский флаг?
Како́го цве́та ваш га́лстук?
Како́го цве́та ло́ндонский авто́бус?
Како́го цве́та ва́ша блу́зка?
Како́го цве́та пласти́нка?
И т.д.

3. **Игра́ в кругу́. Что вы хоти́те купи́ть?**

Пе́рвый говори́т: "Я хочу́ купи́ть жёлтую ю́бку."

Второ́й говори́т: "Она́ хо́чет купи́ть жёлтую ю́бку, а я хочу́ купи́ть кра́сную руба́шку."

И т.д.

4. **На како́м этаже́?**

Посмотри́те на фотогра́фию. Попро́буйте запо́мнить, каки́е отде́лы на како́м этаже́.

Пото́м зада́йте друг дру́гу вопро́сы...

- На како́м этаже́ мо́жно купи́ть ю́бку?
- Ю́бка? Это же́нская оде́жда. Это на второ́м этаже́.
- И т.д.

5. **Опиши́те ва́ших друзе́й. Как они́ оде́ты?**

У Пи́тера се́рый костю́м и жёлтый га́лстук.

У Джи́ма ....

И т.д.

6. **Ролева́я зада́ча в па́рах - "В магази́не"**

Разыгра́йте диало́г, снача́ла с по́мощью уче́бника, пото́м самостоя́тельно.

Покупа́тель

Спра́шивает, ско́лько сто́ят компа́кт-ди́ски.

Хо́чет послу́шать пя́тую симфо́нию Чайко́вского.

Продаве́ц

Компа́кт-ди́ски сто́ят 50 рубле́й.

В э́том магази́не то́лько поп-му́зыка и джаз.

Кла́ссику мо́жно купи́ть в магази́не "Мело́дия" на Но́вом Арба́те.

Ста́нция метро́ - "Арба́тская".

7. **Работа в парах. Разыграйте диалоги по образцу**

а. **На улице**
- Скажите, пожалуйста, где здесь Большой театр?
- Где Большой театр? Извините, я не знаю.

б. **На улице**
- Скажите, пожалуйста, как пройти к Большому театру?
- Как пройти к Большому театру? Извините, я не знаю.

в. **В троллейбусе**
- Скажите, пожалуйста, этот троллейбус идёт до Большого театра?
- До Большого театра? Извините, я не знаю.

Большой театр

Ярославский вокзал

Центральный Телеграф

Исторический музей

Красная площадь

Магазин <Лейпциг>

Пушкинская улица

Белорусский вокзал

ДАВАЙТЕ ПОСЛУШАЕМ!	УРОК 6

Это радио реклама музыкального магазина. Вы хотите купить пластинки и кассеты. Узнайте:

а. продают ли в магазине классическую и народную музыку;
б. адрес и телефон магазина;
в. какая ближайшая станция метро.

8. Работа в парах. Сколько это стоит?

ЦЕНЫ В МОСКВЕ, АВГУСТ 2000

Литр молока	16 рублей
Батон хлеба	6 рублей
Кило картофеля	9 рублей
Кило бананов	16 рублей
Шампанское "Надежда"	85 рублей
Водка "Привет"	60 рублей
Пэпси Кола (2 литра)	25 рублей
Компакт-диск	350 рублей
Карточка на метро	5 рублей
Билет на автобус	3 рубля
Машина "Жигули"	120.000 рублей

а. Постарайтесь запомнить эти цены. Затем задайте друг другу вопросы, например:

- "Сколько стоит литр молока?"
- "Литр молока стоит 16 рублей"
- "Сколько стоят бананы?"
- "Бананы стоят 16 рублей килограмм."

И т.д.

б. Эти цены, наверное, поменялись. Узнайте у вашего преподавателя какие сегодняшние цены.

Сколько стоит арбуз?

1.   Торго́вый ряд

◆ Продаются щенки породы
бультерьер. Импорт.
Тел. 249-64-72

◆ Установка декодеров
ПАЛ/СЕКАМ. Перестройка звука.
Все работы на дому у заказчика
и с гарантией.
Тел. 994-05-86

◆ Куплю квартиру в Мосвке.
Тел. 279-24-23

◆ Ремонт швейных машин
всех систем на дому
у заказчика.
Тел. 962-06-16

◆ Продаю белое свадебное
платье 46 размера.
Тел. 434-68-53

◆ Продаю радиатор и мотор
от "Вольво" (1994г.)
Тел. 112-32-11

◆ Продаю новый мужской плащ.
Чёрного цвета.
Тел. 873-90-01

◆ Куплю красный "Мерседес".
Тел. 312-67-56

а.   Кака́я оде́жда продаётся?
б.   Каку́ю маши́ну хотя́т купи́ть?

2. **Фирма "Кэдбери" в России.**
Прочитайте текст и ответьте на вопросы:

а. Когда фирма начала продавать шоколад в Россию?
б. Сколько тонн она продала в 1994-ом году?
в. Где решили построить новую шоколадную фабрику?
г. Где находится фабрика фирмы "Кэдбери" в Англии?

"КЭДБЕРИ" ПРОДАЕТ ШОКОЛАД В РОССИЮ!

Бирмингемская фирма "Кэдбери" является самой большой фирмой, производящей шоколад в Великобритании. В 1992-ом году через дистрибьютора РОСТЕЛ она начала продавать шоколад в Россию.

В 1992-ом году фирма экспортировала 220 тонн шоколада, в 1993-ем году 5.300 тонн и в 1994-ом году - более 16.000 тонн.

Региональный менеджер по маркетингу Крис Кэпстик объясняет: "Это огромный успех, которого мы не ожидали. Но наш агент РОСТЕЛ инвестировал в сеть дистрибьюторов в городах Москва, Санкт-Петербург, Новосибирск, Краснодар и Рига (в Латвии). Мы провели широкую рекламу по телевидению и в метро в Москве и в Санкт-Петербурге. Теперь Россия является нашим самым большим зарубежным рынком."

В 1995-ом году фирма "Кэдбери" решила построить новую шоколадную фабрику в городе Чудово около Новгорода в 100 километрах от Санкт-Петербурга. Эта фабрика должна открыться осенью 1996-ого года.

ПИШИТЕ!

Напишите два сочинения:

а. "Цены продуктов в Англии и в России."
б. "Что я хочу купить и почему."

Peter and Lyudmila set off to Sergiev Posad from the Yaroslavsky railway station. On the way Lyudmila gets off - she has things to do in Sofrino - and Peter has to go on on his own.

They meet up again for lunch, and on the way home Peter asks Lyudmila to marry him, but doesn't get an answer.

Meanwhile the типи́чный англича́нин is trying to understand how the Russians have renamed their towns, and then has problems on the night train to Moscow.

In this lesson you will:

☐ meet the two verbs "to go" both in the infinitive and in the past tense with various prefixes;

☐ meet кото́рый - "which" - and learn how it is used;

☐ meet the genitive plural of adjectives;

☐ learn how to make a proposal.

The reading passage is an article on the railway system in Russia.

Объявле́ние на у́лице в Сара́тове

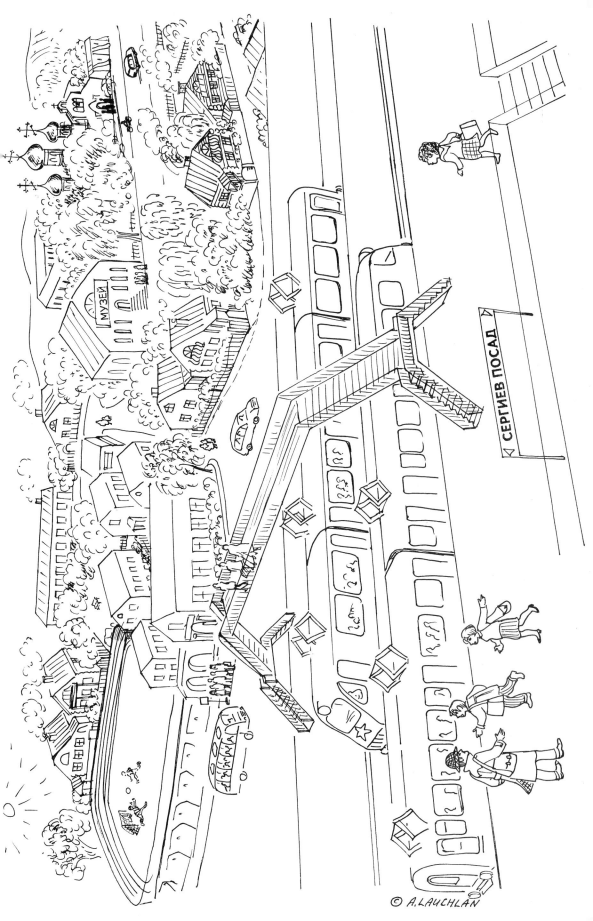

© A.LAUCHLAN

На Яросла́вском вокза́ле в Москве́

Людми́ла: Уже́ по́здно, скоре́е. По́езд отправля́ется че́рез пятна́дцать мину́т. Скоре́е, купи́те биле́ты, а я ещё раз посмотрю́ расписа́ние.

Пи́тер: Я уже́ посмотре́л расписа́ние. Нам лу́чше е́хать по́ездом, кото́рый идёт в Алекса́ндров.

Людми́ла: Я не по́мню, э́тот по́езд остана́вливается в Со́фрино?

Пи́тер: Все поезда́ остана́вливаются в Со́фрино. А почему́?

Людми́ла: Ла́дно, иди́те за биле́тами, а я пойду́ узна́ть, с како́й платфо́рмы отхо́дит наш по́езд.

В электри́чке

Людми́ла: Пи́тер, я вы́йду в Со́фрино, ла́дно? У меня́ там дела́. Вы мо́жете пое́хать в Заго́рск оди́н.

Пи́тер: Но как же так...??

Людми́ла: Я прие́ду в Заго́рск попо́зже. А вы, когда́ прие́дете в Заго́рск, иди́те в монасты́рь.

Пи́тер: Но я в Заго́рск ни ра́зу не е́здил. Я не зна́ю, как пройти́ к монастырю́.

Людми́ла: От вокза́ла бу́дет ви́дно. Как вы́йдете из по́езда, вы уви́дите вдали́ купола́. Это то́лько мину́т пятна́дцать пешко́м. Мы встре́тимся на террито́рии монастыря́, о́коло фонта́на, в два часа́, и пойдём в рестора́н пообе́дать. А вот и Со́фрино! Бы́стро дое́хали, пра́вда?! Мне пора́ выходи́ть! Пока́!

Пи́тер: Вот э́то же́нщины!

На обра́тном пути́

Людми́ла: Пи́тер, а расскажи́те, что вы де́лали в Заго́рске без меня́.

Пи́тер: Мне повезло́. Как то́лько я сошёл с по́езда, я уви́дел гру́ппу америка́нских тури́стов. Они́, коне́чно, то́же шли в монасты́рь, и я пошёл за ни́ми. Я ходи́л по монастырю́, зашёл в це́рковь..., а пото́м я пошёл в музе́й. Бы́ло о́чень краси́во, но без вас бы́ло ску́чно... А заче́м вы вы́шли в Со́фрино?

Людми́ла: У меня́ там бы́ли дела́. А вам понра́вилось в Заго́рске?

Пи́тер: Ну, коне́чно! Очень понра́вилось! ... Лю́да, здесь о́чень мно́го люде́й. Я хочу́ с ва́ми поговори́ть. Дава́йте вы́йдем на сле́дующей остано́вке, погуля́ем, поговори́м, а пото́м пое́дем на сле́дующем по́езде.

Людми́ла: Хорошо́, е́сли хоти́те. Пого́да хоро́шая, и поезда́ хо́дят ка́ждый час.

На ста́нции. Пи́тер де́лает предложе́ние

Пи́тер: Людми́ла, я не зна́ю, как э́то сказа́ть. Бу́дьте мое́й жено́й...

Людми́ла: Что???!

Пи́тер: Вот э́то кольцо́ я вам купи́л, смотри́те...

Людми́ла: Бо́же мой! Оно́ о́чень краси́вое. Пи́тер, вот идёт по́езд. Дава́йте, пое́дем. Скоре́е...

Пи́тер: А я вас так люблю́...

Людми́ла: Пи́тер, я не зна́ю. На́до поду́мать. Кольцо́ мне нра́вится. Дава́йте пое́дем!

Пи́тер: Ну, коне́чно, коне́чно, я понима́ю... Я наде́юсь...

Типи́чный англича́нин спра́шивает о Заго́рске

Англича́нин: Я не по́нял, как называ́ется э́тот го́род, Се́ргиев Поса́д и́ли Заго́рск?

Экскурсово́д: Ра́ньше он называ́лся Заго́рск, а тепе́рь э́то Се́ргиев Поса́д.

Англича́нин: Зна́чит, как Ленингра́д и Санкт-Петербу́рг?

Экскурсово́д: Да, и Сама́ра ра́ньше была́ Ку́йбышев, Волгогра́д был Сталингра́д. Мно́го городо́в переименова́ли.

Англича́нин: Поня́тно. Спаси́бо.

Типи́чный англича́нин е́дет ночны́м по́ездом в Москву́

Англича́нин: Скажи́те, здесь о́чень жа́рко. Мо́жно откры́ть окно́?

Проводни́ца: К сожале́нию, нет.

Англича́нин: А почему́?

Проводни́ца: Окна закры́ты на́ зиму.

Англича́нин: Но уже́ ию́нь, и три́дцать гра́дусов.

Проводни́ца: Да. А что де́лать?

Па́уза

Англича́нин: Скажи́те, пожа́луйста, когда́ мы бу́дем в Москве́?

Проводни́ца: В шесть три́дцать. А туале́ты закрыва́ются в пять.

Англича́нин: Что?

Проводни́ца: Туале́ты закрыва́ются в пять часо́в утра́. Санита́рная зо́на го́рода Москвы́. Вы бу́дете чай?

Англича́нин: Нет, спаси́бо.

отправля́ться/отпра́виться	to set off	террито́рия	grounds, territory
кото́рый	which (see grammar notes)	бы́стро	quickly
остана́вливаться /останови́ться	to stop	же́нщина	woman
узнава́ть/узна́ть	to find out	мне повезло́	I was lucky
платфо́рма	platform	це́рковь (fem.)	church
отходи́ть/отойти́	to leave	ску́чно	boring
выходи́ть/вы́йти	to get off	нра́виться/понра́виться	to please
попо́зже	a bit later	вам понра́вилось?	did you like it?
монасты́рь (masc.)	monastery	остано́вка	stop
ни ра́зу	not once, never	Бо́же мой!	My God!
е́здить	to go by transport (a round trip or regular journey)	наде́яться	to hope
		называ́ться	to be called
		зна́чит	that means
обра́тный	return (adj.)	переименова́ть	to rename
путь (masc. - see grammar notes)	journey	закрыва́ться/закры́ться	to close
ви́деть/уви́деть	to see	санита́рный	sanitary
вдали́	in the distance	зо́на	zone
ку́пол	dome		

Разгово́рная речь

"Вы бу́дете чай?" = "Вы бу́дете пить чай?"

Се́ргиев Поса́д

Се́ргиев Поса́д - небольшо́й го́род в Моско́вской о́бласти.

Гла́вная достопримеча́тельность го́рода - Тро́ице-Се́ргиева Ла́вра. Это большо́й религио́зный правосла́вный центр. На террито́рии Тро́ице-Се́ргиевой Ла́вры нахо́дится музе́й с па́мятниками архитекту́ры 15-18 веко́в, моско́вская духо́вная акаде́мия и духо́вная семина́рия.

Се́ргиев Поса́д нахо́дится в 70 киломе́трах от Москвы́, на се́веро-восто́ке. Туда́ мо́жно дое́хать на авто́бусе и́ли на электри́чке. В го́роде быва́ет мно́го ру́сских и иностра́нных тури́стов.

В Се́ргиевом Поса́де. Успе́нский собо́р

Се́ргиев Поса́д и́ли Заго́рск?

Во вре́мя перестро́йки мно́гие ру́сские города́ верну́лись к ста́рым, то есть дореволюцио́нным назва́ниям.

Лю́дям иногда́ быва́ет тру́дно пользова́ться но́выми назва́ниями городо́в. Поэ́тому Людми́ла говори́т о "Ленингра́де" и о "Заго́рске".

См. страни́цу 88.

Verbs of motion

There are two definite forms of the verb "to go" in Russian:

идти́ / пойти́	-	to go on foot
éхать / поéхать	-	to go by transport

There is also an indefinite form which is used to refer to regular or repeated journeys, or movement in general.

ходи́ть	-	to go on foot, to walk
éздить	-	to go by transport, to travel

Он хо́дит в шко́лу	-	He goes to school
Я хожу́ на по́чту ка́ждый день	-	I go to the post office every day
Я туда́ никогда́ не éздил	-	I have never been there
Она́ ча́сто éздит в Со́фрино	-	She often goes to Sofrino

To make things even more complicated, when you are talking about regular jouneys or timetables, trains and cars go on foot!

Поезда́ хо́дят ка́ждый час	-	The trains run every hour

Use of prefixes with verbs of motion

Verbs of motion are used with prefixes for movement in different directions:

от-	отходи́ть / отойти́	-	to walk away from, to leave
	отъезжа́ть / отъéхать	-	to drive away from, to leave
в-	входи́ть / войти́	-	to go in, to enter (on foot)
	въезжа́ть / въéхать	-	to drive in to
вы-	выходи́ть / вы́йти	-	to walk out of / get off
	выезжа́ть / вы́ехать	-	to drive out of
при-	приходи́ть / прийти́	-	to arrive (on foot)
	приезжа́ть / приéхать	-	to arrive (by car)
до-	доходи́ть / дойти́	-	to walk up to, to reach
	доезжа́ть / доéхать	-	to drive up to, to reach
с-	сходи́ть / сойти́	-	to get off
	съезжа́ть / съéхать	-	to drive down from
за-	заходи́ть / зайти́	-	to call in on (on foot)
	заезжа́ть / заéхать	-	to call in on (by car)

По́езд отхо́дит	-	The train leaves / is leaving
Я вы́йду в Со́фрино	-	I will get off at Sofrino
Я приéду в Заго́рск	-	I will get to Zagorsk
Мы бы́стро доéхали	-	We have got here quickly
Я сошёл с по́езда	-	I got off the train
Я зашёл в цéрковь	-	I went into the church

Other prefixes:	пере-	-	across
	про-	-	through
	у-	-	leaving

Поезд, кото́рый идёт в Алекса́ндров - The train which goes to Aleksandrov

The word кото́рый means "which". It is used to link two halves of a sentence.
It declines like an adjective:

Дом, в кото́ром я живу́	-	The house I live in
Де́вушка, кото́рую я люблю́	-	The girl I love
Тури́ст, с кото́рым я встре́тился	-	The tourist I met

Иди́те за биле́тами - Go and get the tickets

Here за meaning "behind" or "for" when fetching something, takes the instrumental
case. Other examples:

Он стои́т за мной	-	He is standing behind me
Я пошёл за хле́бом	-	I went for some bread

For other prepositions that take the instrumental case, see lesson 10.

мину́т пятна́дцать - about fifteen minutes

To convey the idea of approximate numbers, times or quantities, you can put the
number after the noun:

мину́т пятна́дцать	-	about fifteen minutes
часо́в в пять	-	at about five o'clock
лет два́дцать наза́д	-	about twenty years ago

Гру́ппа америка́нских тури́стов - a group of American tourists

This is the first example in the dialogues of the genitive plural of adjectives.
Other examples:

пери́од "бе́лых ноче́й"	-	the period of the "White Nights"
20 квадра́тных киломе́тров	-	20 square kilometres
мно́го иностра́нных госте́й	-	a lot of foreign guests

На обра́тном пути́ - on the return journey

Путь is an irregular noun with its own unique declension. Though it is masculine,
three of the singular endings appear to be feminine!

	Singular	Plural
Nominative	путь	пути́
Accusative	путь	пути́
Genitive	пути́	путе́й
Dative	пути́	путя́м
Instrumental	путём	путя́ми
Prepositional	пути́	путя́х

Бу́дьте мое́й жено́й! - Be my wife!

This is the imperative of быть - "to be". Here it takes the instrumental case.

Бо́же мой! - My God!

This is an example of an old vocative case which is no longer used except in a few
exclamations. The word for "God" is бог.

Окна закры́ты на́ зиму - The windows are closed for the winter

Sometimes in set phrases the stress moves onto the preposition. Here both the
syllables in зиму are unstressed. The stress is on the на́.

1. Выберите ответ

а.	Кто купил билеты?	Питер/Людмила
б.	Их поезд остановился в Софрино?	Да/Нет
в.	Питер и Людмила поехали в Сергиев Посад вместе?	Да/Нет
г.	Монастырь далеко от вокзала?	Да/Нет
д.	Они встретились в ресторане?	Да/Нет
е.	Кольцо понравилось Людмиле?	Да/Нет
ж.	Питер любит Людмилу?	Да/Нет
з.	Она любит его?	Да/Нет/Мы не знаем

2. Вставьте пропущенные глаголы

Людмила _____, что их поезд _____ с пятой платформы.
Людмила _____ из поезда в Софрино, потому что у неё там
_____ дела. Питер _____ в Сергиев Посад один.
Он не _____, как _____ в монастырь.

> были - отходит - поехал - узнала - знал - вышла - пройти

Когда Питер _____ из поезда, он _____ вдали купола
монастыря. На вокзале _____ группа американских туристов.
Они тоже _____ в монастырь, и Питер _____ за ними.
В монастыре он _____ церковь и музей. В два часа Людмила и
Питер _____ около фонтана и _____ в ресторан обедать.

> встретились - пошёл - посмотрел - шли - увидел - была
> вышел - пошли

3. Вставьте правильную форму слова "который"

а.	Иван и Людмила ехали на поезде, _____ идёт в Александров.	
б.	Туристы, _____ шли в монастырь, были из Нью-Йорка.	
в.	Кольцо, _____ купил Питер, понравилось Людмиле.	
г.	Экскурсовод, _____ мы ехали, знал все интересные места.	
д.	В поезде, _____ мы ехали, окна были закрыты.	
е.	Проводница, _____ ехала с нами, не знала почему.	
ж.	Англичанин, _____ мы говорили, не хотел пить чай!	

> которая - которые - который - которое - на котором
> с которым - о котором

4.   **Соста́вьте словосочета́ния**

расписа́ние террито́рия пора́ америка́нские сле́дующая сле́дующий краси́вое	остано́вка поездо́в монастыря́ по́езд кольцо́ тури́сты выходи́ть

5.   **На у́лице. "Идти́" и́ли "ходи́ть"?**
    Вста́вьте пра́вильную фо́рму одного́ из глаго́лов.

а.   - Здра́вствуйте! Куда́ вы _____?
    - Я _____ в о́фис.
    - Вы всегда́ _____ туда́ пешко́м?
    - Да. Ка́ждый день.

б.   - Здра́вствуй! Куда́ ты _____?
    - Я _____ в теа́тр.
    - Ты ча́сто _____ в теа́тр?
    - Нет. Ре́дко.

6.   **В метро́. "Ехать" и́ли "е́здить"?**
    Вста́вьте пра́вильную фо́рму одного́ из глаго́лов.

а.   - Здра́вствуйте! Куда́ вы _____?
    - Я _____ на рабо́ту.
    - Вы всегда́ _____ туда́ на метро́?
    - Нет. Не всегда́.

б.   - Здра́вствуй! Куда́ ты _____?
    - Я _____ на да́чу.
    - Ты _____ туда́ ка́ждую суббо́ту?
    - Нет. То́лько когда́ пого́да хоро́шая.

ДАВА́ЙТЕ ПОГОВОРИ́М!

1.   **Игра́ в кругу́. Куда́ вы пое́дете за́втра?**

Пе́рвый говори́т:	За́втра я пое́ду в Се́ргиев Поса́д.
Второ́й говори́т:	За́втра он / она́ пое́дет в Се́ргиев Поса́д, а я пое́ду в Сара́тов.
И т.д.	

2. **На вокза́ле. Ролева́я игра́ в па́рах. Разыгра́йте диало́г, снача́ла с по́мощью уче́бника, пото́м самостоя́тельно.**

Тури́ст	**Рабо́тник ка́ссы**
Хо́чет купи́ть два биле́та в Се́ргиев Поса́д, туда́ и обра́тно.	Оди́н биле́т сто́ит четы́ре ты́сячи рубле́й
Хо́чет узна́ть, с како́й платфо́рмы отхо́дит по́езд и когда́.	С пя́той платфо́рмы, в 09.20
Хо́чет узна́ть, остана́вливается ли по́езд в Со́фрино.	Не зна́ет. На́до посмотре́ть расписа́ние.

3. **Рабо́та в па́рах**

а. Посмотри́те на план и соста́вьте предложе́ния по образцу́:
"По́езд, кото́рый идёт в Во́логду, остана́вливается в Яросла́вле".

ЕВРОПЕЙСКАЯ ЧАСТЬ РОССИИ
ЖЕЛЕЗНЫЕ ДОРОГИ

б. Зате́м зада́йте друг дру́гу вопро́сы, наприме́р:
- Где остана́вливается по́езд, кото́рый идёт в Смоле́нск?
Постара́йтесь отве́тить самостоя́тельно.

4. **На Яросла́вском вокза́ле. Рабо́та в па́рах.**
Посмотри́те на расписа́ние поездо́в:

№ ПОЕЗДА	НАЗНАЧЕНИЕ	ВРЕМЯ ОТПРАВЛЕНИЯ	ДНИ ОТПРАВЛЕНИЯ
2	ВЛАДИВОСТОК	14.15	НЕЧЕТНЫЕ
4	ПЕКИН	19.55	ВТОРНИК
6	УЛАН-БАТОР	17.25	СРЕДА
8	СВЕРДЛОВСК	14.15	ЧЕТНЫЕ
10	ИРКУТСК	21.15	ЕЖЕДНЕВНО
16	АРХАНГЕЛЬСК	12.10	ЕЖЕДНЕВНО
18	КИРОВ	20.45	ЕЖЕДНЕВНО
20	УЛАН-УДЭ	00.30	ЧЕТВ. ВСКР.
26	НОВОСИБИРСК	14.35	ЕЖЕДНЕВНО
34	СОСНОГОРСК	19.15	ЧЕТНЫЕ
122	ЯРОСЛАВЛЬ	16.25	ЕЖЕДНЕВНО
184	ХАБАРОВСК	00.40	ЕЖЕДНЕВНО

РАСПИСАНИЕ ДВИЖЕНИЯ ПОЕЗДОВ

Зате́м зада́йте друг дру́гу вопро́сы, наприме́р:

- В кото́ром часу́ отправля́ется по́езд в Хаба́ровск?
- В како́й день отправля́ется по́езд в Пеки́н?
- В кото́ром часу́ отправля́ется по́езд в Новосиби́рск?
  И т.д.

5. Работа в парах

Задайте вопросы типа:
- Сегодня город называется Самара. А как он назывался раньше?
- Он назывался Куйбышев.

или:

- Раньше город назывался Куйбышев. А как он называется сегодня?
- Он называется Самара.

НАЗВАНИЯ РОССИЙСКИХ ГОРОДОВ

Название города в советское время	Название города до революции / после перестройки
Ленинград	Санкт-Петербург
Куйбышев	Самара
Сталинград	Царьцин / Волгоград
Горький	Нижний Новгород
Свердловск	Екатеринбург
Калинин	Тверь
Загорск	Сергиев Посад

Не забудьте, что Санкт-Петербург имел третье название в начале советского периода - Петроград.

ДАВАЙТЕ ПОСЛУШАЕМ! УРОК 7

Людмила звонит, чтобы заказать билет в Нижний Новгород.
Прослушайте кассету и ответьте на вопросы:

а. Куда она звонит?

б. Кто хочет поехать в Нижний Новгород?

в. Почему он должен больше платить за билет?

г. Как вы думаете, почему Людмиле надо перезвонить?

Прочитайте текст и ответьте на вопросы:

а.　　Почему железнодорожное сообщение важно в России?
б.　　Куда идут поезда с Ленинградского вокзала в Москве?
　　　На юг? На север? На запад? На восток?
в.　　Что делает проводник?

ЖЕЛЕЗНАЯ ДОРОГА

В такой большой стране, как Россия - 170.754.000 квадратных километров - железнодорожное сообщение очень важно.

Центром путей сообщения является Москва. По названиям московских вокзалов, можно узнать, куда идут поезда: Киевский, Белорусский, Ленинградский, Ярославский, Казанский, и т.д.

От Москвы до Владивостока по транссибирской железной дороге (Транссиб) поезд идёт семь дней. Во всех поездах дальнего следования всегда есть спальные вагоны.

Бывают жёсткие и мягкие вагоны. Иностранцам обычно продают билеты в мягкие вагоны. В каждом вагоне есть проводник. Его (или чаще её) работа - поддерживать чистоту и порядок в вагоне, обслуживать пассажиров, продавать им постельное бельё и чай.

Когда вы смотрите расписание поездов, надо иметь в виду, что все расписания обычно пишутся по московскому времени.

В поездах бывают вагоны-рестораны, и по поезду часто ходят продавцы бутербродов и разных напитков, но лучше брать с собой продукты, особенно когда вы отправляетесь в долгую поездку.

Се́ргиев-Поса́д. Электри́чка.

В по́езде. Проводни́ца.

Хоро́ший сове́т!

In Zoya Petrovna's flat, Vadim, Lyudmila, Peter and Zoya Petrovna are discussing life and work. Ivan arrives to say goodbye to Lyudmila before he goes away to Saransk.

Zoya Petrovna complains about her hard life (if only things had been different...), and Ivan asks Peter to help him with his tax problems.

In this lesson you will:

☐   meet more verbs of motion;

☐   meet the "animate accusative";

☐   meet the particle бы - used for the conditional mood;

☐   meet the particle ли - used for "whether".

There is a joke to learn about an Englishman, a Frenchman and a Russian on a desert island, and for reading there is the analysis of a questionnaire on how Muscovites spend their weekend.

Дава́йте пойдём в цирк!

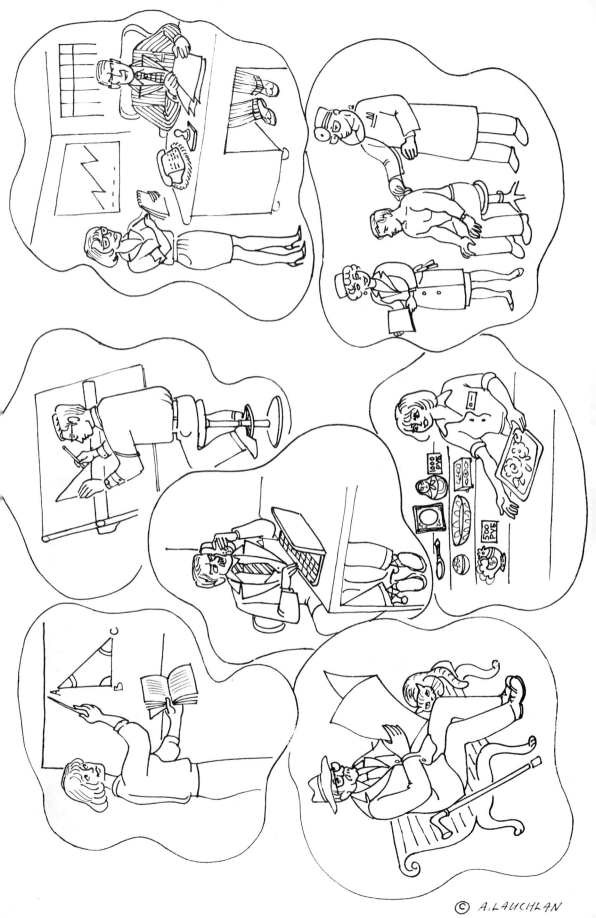

© A.LAUCHLAN

В квартире у Звоновых

Зоя П.: Так вы уезжаете в субботу?

Питер: Да. Сначала я лечу в Париж, а оттуда в Лондон.

Зоя П.: А почему вы не летите прямо в Лондон?

Питер: У меня отец в Париже. Я хочу повидать отца. Я часто летаю через Париж.

Зоя П.: А когда снова приедете в Москву?

Питер: Может быть в январе. Это зависит от Лю.....

Людмила: Питер, когда ваш рейс?

Питер: В субботу, в половине второго.

Вадим: Значит, ваша командировка закончилась? А где вы сейчас работаете?

Питер: В университете, преподаю русскую литературу.

Вадим: Питер, у меня отличная идея! Вы не хотели бы пригласить меня в университет читать лекции о роли русской литературы в кино? Вы же знаете, я специалист в области кино.

Питер: Это неплохая идея. Я подумаю. Людмила, а ваш отпуск тоже кончается. Когда вы начнёте работу?

Людмила: Вы забыли? Я же вам говорила. Я не работаю!
Я учусь в институте.

Зоя П.: Людочка, когда закончит институт, хотела бы стать инженером.

Людмила: Может быть.

Звонок. Входит Иван Козлов

Зоя П.: А, Ваня, здравствуй. Проходи, пожалуйста. Познакомься с Питером.

Иван: Питер, привет! Мы уже знакомы!

З.П./Вадим: Правда??

Питер: Да. Иван, а я думал, что вы уже уехали.

Иван: Нет. Я ещё здесь. Я улетаю в Саранск в субботу.

Вадим: Да... В Саранске есть аэропорт?

Иван: Конечно есть! Я улетаю в субботу. Поэтому я пришёл попрощаться с Людмилой и узнать, хочет ли она посмотреть Саранск...

Вадим (про себя): Конечно, не хочет!

Пауза

Питер: Так,... мы говорили о работе... А где вы работаете, Иван?

Иван: Я работаю на фирме.

Питер: На ферме?

Иван: Нет, на фирме!

Вадим: Сейчас все молодые миллионеры работают на фирмах.

Питер: А чем занимается ваша фирма?

Иван: Она занимается коммерческим бизнесом.

Людмила: Всё ясно. А какая у вас должность?

Вадим: Иван, конечно, директор фирмы!

Иван: Ещё нет. Но хотел бы стать директором.

Зоя П.: Какие у вас интересные профессии!

Вадим (про себя): Профессии!? Я бы сказал карьеры!

Пáуза

Зóя П.: А вот мне не повезлó: я всю жизнь былá домохозя́йкой, а тепéрь пенсионéрка. Если бы не рабóта мýжа...

Пи́тер: А кем рабóтал ваш муж?

Зóя П.: У негó былá секрéтная рабóта.

Пи́тер: Интерéсно! Он был шпиóном?

Зóя П.: Нет, конéчно. Мы жи́ли в Челя́бинске. Если бы не егó рабóта...

Вади́м: Мáма, перестáнь! Сейчáс не врéмя и не мéсто говори́ть об э́том...

О налóгах

Ивáн: Пи́тер, вы не смогли́ бы помóчь мне с налóгами?

Пи́тер: А каки́м óбразом?

Ивáн: Когдá я был в Лóндоне, я купи́л видеомагнитофóн. И нáдо бы́ло заплати́ть брити́нский налóг "VAT". Семнáдцать с полови́ной процéнтов. Вы не смогли́ бы узнáть, как мне получи́ть э́ти дéньги обрáтно?

Пи́тер: Я не знáю. Мóжет быть ужé пóздно. Но я спрошý. У вас есть чек?

Ивáн: Да, где-то есть. Я сдéлаю фотокóпию.

Пи́тер: Нет, я дýмаю, что мне нýжен бýдет оригинáл.

уезжáть/уéхать	to leave	ли	whether
летéть	to fly	про себя́	to oneself (himself)
летáть	to fly (suggests regularly)	фи́рма	firm
		фéрма	farm
Пари́ж	Paris	коммéрческий	commercial
оттýда	from there	би́знес	business
повидáть	to see/call on a person	я́сно	clear
снóва	again	дóлжность (fem.)	post
зави́сеть	to depend	дирéктор	director
рейс	flight	профéссия	profession
закóнчиться	to come to an end	карьéра	career
преподавáть	to teach	жизнь (fem.)	life
идéя	idea	домохозя́йка	housewife
бы	(see grammar notes)	пенсионéр/-ка	pensioner
лéкция	lecture	секрéтный	secret
роль (fem.)	role	шпиóн	spy
специали́ст	specialist	перестáть	to stop (doing something)
óбласть (fem.)	field / region	налóг	tax
óтпуск	holiday	каки́м óбразом?	In what way?
начинáть/начáть	to begin	видеомагнитофóн	video recorder
учи́ться	to study / to be a student	процéнт	per cent
закóнчить	to complete	чек	receipt
стать	to become	спрáшивать/спроси́ть	to ask (a question)
Привéт!	Hi!		
улетáть/улетéть	to fly away / leave by plane	фотокóпия	photocopy
		оригинáл	original
прощáться/попрощáться	to say good bye		

Секретная работа

Зоя Петровна говорит, что у её мужа была секретная работа. Как правило, такая работа связана с производством оружия, выпуском военных самолётов и кораблей. Целые города и районы, где находились такие заводы, в советское время были закрыты для иностранцев. Они назывались "закрытые города". Так, закрытыми городами были Горький (Нижний Новгород), Куйбышев (Самара), Новосибирск, Челябинск и многие другие города.

В Нижнем Новгороде. Выставка военной техники

Сын спрашивает отца:
- Папа, чем ты занимаешься на работе?
- Не могу сказать. Это очень секретно.
- А сколько ты получаешь?
- За противотанковую гранату - по два талончика,
  а за ручную - по одному!

Verbs of motion continued
Other verbs of motion behave in a similar way to идти and éхать (lesson 7)

The verb "to fly" is летéть/полетéть
Note the consonant change in the first person singular of the present tense:

я лечý, ты летúшь, он/онá летúт, мы летúм, вы летúте, онú летя́т

There is also an indefinite form летáть which is used to refer to regular or repeated journeys:

Я чáсто летáю чéрез Парúж - I often fly via Paris
Я люблю́ летáть - I love flying

Я улетáю в Сарáнск - I am flying off to Saransk
Prefixes can be used with летáть/летéть to talk about flying in different directions.

улетáть/улетéть - to fly away
вылетáть/вы́лететь - to fly out
прилетáть/прилетéть - to fly in
перелетáть/перелетéть - to fly over / across
пролетáть/пролетéть - to fly through
и т.д.

Я хочý повидáть отцá - I want to see my father
Masculine singular nouns referring to people, animals and other living things have an accusative form which is the same as the genitive. In the plural this applies to both masculine and feminine nouns. This is called the "animate accusative".

Он узнáл Ивáна - He recognised Ivan
Онá встрéтила нóвого президéнта - She met the new president
Вы знáете э́тих дéвушек? - Do you know these girls?

Онá хотéла бы стать инженéром - She would like to be an engineer
The particle бы is used to convey the conditional "would". Examples:

Вы не смоглú бы помóчь мне? - Could you possibly help me?
Что вы бы сдéлали, éсли...? - What would you do if...?
На вáшем мéсте, я бы купúл егó - In your place I would buy it

Я пришёл узнáть, хóчет ли онá посмотрéть Сарáнск...
I have come to find out whether she wants to see Saransk...
The particle ли is used to convey "whether".
More examples:

Узнáйте, говорúт ли он по-рýсски - Find out if he speaks Russian
Я не знáю, в Москвé ли онá - I don't know whether she's in Moscow

1. Вы́берите отве́т

а.	Кто уезжа́ет в суббо́ту?	Ива́н / Пи́тер / Ива́н и Пи́тер
б.	Кто живёт в Пари́же?	Мать Пи́тера / Оте́ц Пи́тера
в.	Людми́ла хоте́ла бы стать инжене́ром?	Да / Нет / Мо́жет быть
г.	Пи́тер и Ива́н уже́ знако́мы?	Да / Нет
д.	Ива́н рабо́тает на фе́рме?	Да / Нет
е.	Ива́н дире́ктор фи́рмы?	Да / Нет
ж.	Он хо́чет стать дире́ктором фи́рмы?	Да / Нет
з.	Оте́ц Вади́ма был шпио́ном?	Да / Нет
и.	У кого́ пробле́ма с нало́гами?	У Пи́тера / У Ива́на
к.	Что ну́жно Пи́теру?	Фотоко́пия / Оригина́л

2. Вста́вьте пропу́щенные глаго́лы

а. Пи́тер _____ в суббо́ту. Снача́ла он _____ в Пари́ж. Там _____ его́ оте́ц. Пи́тер _____ отца́ в Пари́же. Пото́м он пое́дет в Ло́ндон. Он сно́ва, мо́жет быть, _____ в Москву́ в январе́.

> встре́тит - уезжа́ет - лети́т - прие́дет - живёт

б. Вади́м _____ _____ в Ло́ндон, что́бы _____ ле́кции о кино́. Он _____ об э́том Пи́теру. Пи́тер _____, что он _____.

> отвеча́ет - говори́т - хо́чет - чита́ть - пое́хать - поду́мает

3. Соста́вьте предложе́ния

а.	Пи́тер хо́чет
б.	Ива́н
в.	Вади́м хо́чет
г.	Ива́н хо́чет
д.	Ива́н пришёл попроща́ться
е.	Ива́н и Пи́тер
ж.	У му́жа Зо́и Петро́вны

чита́ть ле́кции в Ло́ндоне
стать дире́ктором фи́рмы
улета́ет в суббо́ту
была́ секре́тная рабо́та
уже́ знако́мы
с Людми́лой
повида́ть отца́

4. Соста́вьте словосочета́ния

ру́сская	проце́нтов
отве́т	фи́рмы
молодо́й	на вопро́с
дире́ктор	рабо́та
секре́тная	с нало́гами
сто	миллионе́р
пробле́ма	оригина́ла
фотоко́пия	литерату́ра

5. Составьте предложения по образцу:

- *"Я хотел бы купить водку, но магазин закрыт".*

а. Я хотел бы послать посылку ...
б. Я хотел бы поехать в Москву...
в. Я хотел бы пойти в театр...
г. Я хотел бы переночевать...
д. Я хотел бы принять душ...
е. Я хотел бы подняться на тринадцатый этаж...
ж. Я хотел бы пообедать...

6. Составьте предложения по образцу:

- *"Если бы магазин был открыт, я бы купил водку."*

7. Составьте предложения по образцу

- *"Людмила любит Ивана?"*
- *"Мы не знаем, любит ли она его."*

а. Людмила любит Вадима?
б. Вадим любит Людмилу?
в. Питер хочет пригласить Вадима в Лондон?
г. Людмила хочет поехать в Саранск?
д. Зоя Петровна говорит по-английски?
е. Питер говорит по-французски?
ж. Иван получит деньги обратно?

1.　　**Игра́ в кругу́. Куда́ вы лети́те?**
　　Пе́рвый говори́т:　　Я лечу́ в Пари́ж.
　　Второ́й говори́т:　　Он лети́т в Пари́ж, а я лечу́ в Новосиби́рск.
　　И т.д.

> Пари́ж
> Новосиби́рск
> То́кио
> Сара́тов
> Ло́ндон
> Манче́стер
> Сама́ра
> и т.д.

2.　　**Рабо́та в па́рах - о себе́**
　　Зада́йте друг дру́гу вопро́сы:
　　-　　Кем вы рабо́таете сейча́с?
　　-　　Кем вы хоте́ли бы стать?
　　-　　Почему́?
　　-　　Кем рабо́тает ваш брат/муж/оте́ц
　　　　　　　　／ ва́ша сестра́/жена́/мать?
　　-　　Кем он/она́ хоте́л/-а бы стать?
　　-　　Почему́?

3.　　**Дискýссия. Вы вы́играли в лотере́ю.**
　　У вас миллио́н фу́нтов. Как вы хоте́ли бы потра́тить их?
　　Что вы хоте́ли бы купи́ть? Куда́ вы хоте́ли бы пое́хать? С кем?

4.　　**По́мните ли вы, ско́лько вам бы́ло лет, когда́...**
　　... у́мер Президе́нт Джон Ке́ннеди?
　　... у́мер Леоди́д Бре́жнев?
　　... Юрий Гага́рин полете́л в ко́смос?
　　... вам подари́ли пе́рвый велосипе́д?
　　... вы на́чали ходи́ть в шко́лу?
　　... вы на́чали изуча́ть ру́сский язы́к?

5.　　**Игра́ в гру́ппе. "Кого́ вы встреча́ете?"**
　　Пе́рвый студе́нт говори́т: "Я встреча́ю отца́."
　　Второ́й говори́т:"Он встреча́ет отца́, а я встреча́ю бра́та."
　　Тре́тий говори́т:"Он встреча́ет отца́, она́ встреча́ет бра́та, а я
　　　　　　　　встреча́ю ма́му."
　　И т.д.

6. **Каки́х ру́сских а́второв вы чита́ли?**

Зада́йте друг дру́гу вопро́сы о том, каки́х ру́сских а́второв вы чита́ли.

Наприме́р:
- Вы чита́ли Че́хова?
- Да, я чита́л Че́хова. Я чита́л "Три Сестры́".
- Вы чита́ли Толсто́го?
- Да, я чита́л Толсто́го. Я чита́л "Войну́ и Мир".

Че́хов   "Три Сестры́", "Вишнёвый сад"
Толсто́й   "Война́ и Мир", "Анна Каре́нина"
Достое́вский   "Преступле́ние и наказа́ние", "Идио́т"
Пастерна́к   "До́ктор Жива́го"
Солжени́цын   "Ра́ковый ко́рпус", "Пе́рвый круг"
Булга́ков   "Ма́стер и Маргари́та"
Шо́лохов   "Ти́хий Дон"

7. **Рабо́та в па́рах.**
В зоопа́рке. Кто есть кто?

волк
гори́лла
жира́ф
кенгуру́
крокоди́л
лев
леопа́рд
медве́дь
обезья́на
па́нда
пингви́н
слон
тигр
зе́бра

8. **Игра́ в гру́ппе. "В зоопа́рке".**

Пе́рвый студе́нт говори́т: "Я был в зоопа́рке и ви́дел слона́."
Второ́й говори́т:"Я был в зоопа́рке и ви́дел слона́ и жира́фа."
Тре́тий говори́т:"Я был в зоопа́рке и ви́дел слона́, жира́фа и гори́ллу."
И т.д.

9. **Вы́учите анекдо́т. Расскажи́те его́ други́м студе́нтам.**

Ру́сское гостеприи́мство

На необита́емый о́стров, где́-то в Ти́хом океа́не, попа́ли три челове́ка - англича́нин, францу́з и ру́сский. Они́ жи́ли там два го́да. Бы́ло о́чень ску́чно.

Одна́жды на берегу́ появи́лась буты́лка. Из буты́лки вы́шел джин. Он сказа́л: "Ка́ждый мо́жет загада́ть три жела́ния!"

Францу́з говори́т: "Я хоте́л бы пое́хать во Фра́нцию, жить в большо́м до́ме недалеко́ от Пари́жа и име́ть краси́вую молоду́ю жену́." Раз, два, три... и он пое́хал.

Англича́нин говори́т: "Я хоте́л бы пое́хать в Англию, жить в большо́м до́ме недалеко́ от Ло́ндона и име́ть маши́ну Ролс Ройс." Раз, два, три... и он то́же пое́хал.

Ру́сский оста́лся оди́н. Ему́ ста́ло ску́чно без друзе́й. Он поду́мал и говори́т джи́ну: "Я хоте́л бы получи́ть бо́чку ры́бы, я́щик во́дки и мои́х друзе́й обра́тно!..."

(Что́бы поня́ть э́тот анекдо́т, на́до знать, что по ру́сской тради́ции во́дку лу́чше всего́ пить втроём! - реда́ктор.)

ДАВА́ЙТЕ ПОСЛУ́ШАЕМ!

Тама́ра звони́т по по́воду рабо́ты. Прослу́шайте кассе́ту и отве́тьте на вопро́сы:

а. Каку́ю рабо́ту она́ хо́чет?

б. Челове́к с како́й квалифика́цией ну́жнен фи́рме?

в. Как мо́жно дое́хать до фи́рмы?

г. Что ещё она́ спра́шивает?

Как москвичи провели прошлый уикэнд? Узнайте:

а.　　Какое самое популярное занятие?

б.　　Какой процент людей работал?

в.　　Сколько людей ответило на анкету?

КАК МОСКВИЧИ ПРОВЕЛИ ПРОШЛЫЙ УИКЭНД?

В ходе опроса двух тысяч москвичей, проведенного 19-21 июля 1994 года Всероссийским центром изучения общественного мнения, на вполне нескромный вопрос

"ЧЕМ ВЫ ЗАНИМАЛИСЬ В ПРОШЛУЮ СУББОТУ И ВОСКРЕСЕНЬЕ?"

было получено (в процентах) такое распределение ответов:

Был на даче 32
Занимался домашними делами. 31
Отдыхал, отсыпался дома 14
Ездил купаться, в лес, на рыбалку 12
Работал 11

Гулял в городе, парке 10
Ходил в гости, принимал гостей........ 8
Ходил по магазинам 7
Ходил в кино, на выставку,
на дискотеку 3
Болел 3
Другое... 2

Сумма ответов превышает 100%, так как допускалось несколько их вариантов для одного опрашиваемого.

Олег САВЕЛЬЕВ,
социолог ВЦИОМ.

ПИШИТЕ!

Напишите два сочинения:

а.　　"Что я люблю делать в свободное время."

б.　　"Мои друзья и их работа."

Tamara has invited Lyudmila to her flat, but Lyudmila doesn't know why. Tamara asks about Lyudmila's admirers, and who is Ruslan...?

Vadim arrives, and Tamara leaves in a hurry. Vadim proposes to Lyudmila, but with no success.

Meanwhile the типи́чный англича́нин is looking for his bag.

In this lesson you will:

☐   meet the words you need to describe people;

☐   meet себя́ - "oneself";

☐   meet свой - "one's own";

☐   meet the most important negative expressions in Russian.

The reading passage is an advertisement for a cruise on the river Volga.

На пра́зднике. Каза́ки танцу́ют. А как они́ вы́глядят?

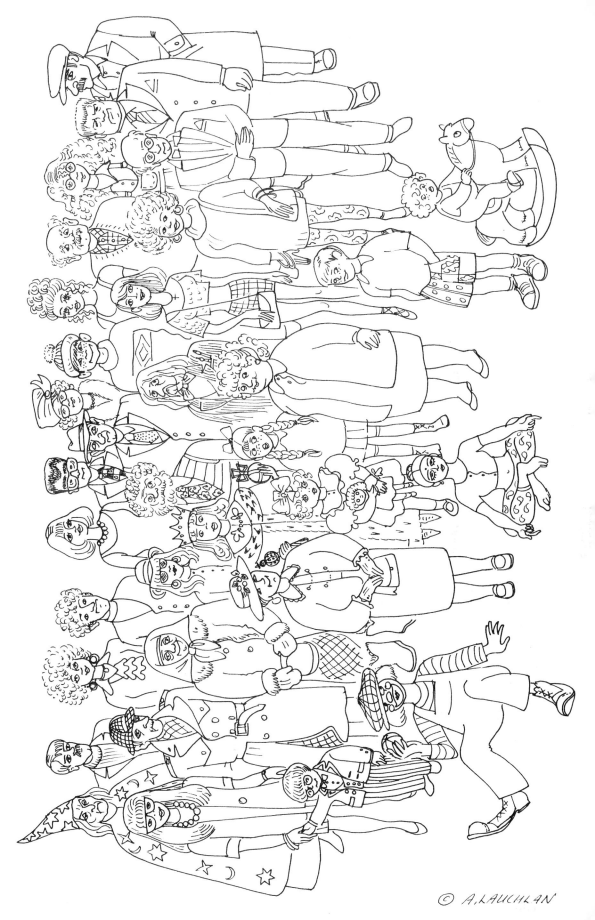

© A.LAUCHLAN

В кварти́ре у Тама́ры

Людми́ла:	Так заче́м ты меня́ пригласи́ла к себе́?
Тама́ра:	Ничего́ не могу́ тебе́ сказа́ть. Это секре́т. Подожди́ и сама́ уви́дишь.
Людми́ла:	Ничего́ не мо́жешь сказа́ть? Почему́? Я не люблю́ секре́ты.
Тама́ра:	Это непра́вда. А твой Русла́н? Это не секре́т?
Людми́ла:	Ну, Русла́н, э́то друго́е де́ло...
Тама́ра:	Неуже́ли до сих пор никто́ не зна́ет о твоём Русла́не?
Людми́ла:	Нет. Никто́ не зна́ет, кро́ме тебя́, коне́чно.
Тама́ра:	Ты да́же Вади́му ничего́ не сказа́ла?
Людми́ла:	Я ничего́ никому́ не говори́ла. То́лько тебе́.
Тама́ра:	Вот как!

Па́уза

Тама́ра:	Так ты собира́ешься познако́мить меня́ со свои́ми друзья́ми? С англича́нином из Ло́ндона и с миллионе́ром из Сара́нска?
Людми́ла:	Они́ уезжа́ют в суббо́ту.
Тама́ра:	Скажи́ мне, как они́ вы́глядят? Они́ похо́жи друг на дру́га?
Людми́ла:	Нет. Ива́н высо́кий...
Тама́ра:	Блонди́н?
Людми́ла:	Нет. Брюне́т. У него́ коро́ткие во́лосы и ка́рие глаза́ ..
Тама́ра:	А как он одева́ется?
Людми́ла:	Он всегда́ но́сит джи́нсы и сви́тер.
Тама́ра:	А англича́нин то́же высо́кий?
Людми́ла:	Нет, он небольшо́го ро́ста, немно́го вы́ше тебя́...
Тама́ра:	То́же брюне́т?
Людми́ла:	Блонди́н с лы́синой, уса́ми, бородо́й и в очка́х.
Тама́ра:	Похо́ж на Вади́ма?
Людми́ла:	Не о́чень.
Тама́ра:	А одева́ется хорошо́?
Людми́ла:	Да, о́чень. Он обы́чно но́сит костю́м, руба́шку и га́лстук.
Тама́ра:	Кто из них тебе́ бо́льше нра́вится?
Людми́ла:	Ты же зна́ешь, что мне никто́ не нра́вится. А То́ма, чьё э́то пальто́? Почему́ у тебя́ виси́т мужско́е пальто́?
Тама́ра:	Это пальто́ Вади́ма. Он сейча́с придёт...

Звоно́к. Вхо́дит Вади́м...

Тама́ра:	Наконе́ц-то! Проходи́те, Вади́м. Людми́ла вас ждёт.
Людми́ла:	Ра́зве э́то Вади́м?!
Вади́м:	Лю́да, извини́те, что я заста́вил вас ждать...
Людми́ла:	Я никого́ не ждала́.
Вади́м:	А...??
Тама́ра:	Ну, я пошла́. До свида́ния.

Тама́ра выхо́дит

Вади́м де́лает предложе́ние

Вади́м:	Лю́да, э́то вам.
Людми́ла:	Что э́то? Кольцо́? Почему́?
Вади́м:	Как почему́? Я де́лаю вам предложе́ние. Ра́зве не поня́тно? Вы же согла́сны стать мое́й жено́й?! Вы же зна́ете, что я вас люблю́. Это для вас не секре́т...
Людми́ла:	Но вы мне об э́том никогда́ не говори́ли.
Вади́м:	Неуже́ли ра́ньше не говори́л? Не мо́жет быть! Лю́да, я купи́л биле́ты на экску́рсию по Во́лге. Так вы, коне́чно, согла́сны?
Людми́ла:	Я должна́ поду́мать...
Вади́м:	Поду́мать? Почему́? Вы не согла́сны?
Людми́ла:	Я скажу́ вам о своём реше́нии в суббо́ту.
Вади́м:	Ничего́ не понима́ю!

В бюро́ нахо́док. Типи́чный англича́нин потеря́л су́мку

Англича́нин:	Извини́те, я потеря́л свою́ су́мку.
Слу́жащий:	Она́ больша́я?
Англича́нин:	Да!
Слу́жащий:	Чёрного цве́та?
Англича́нин:	Да!
Слу́жащий:	Тяжёлая?
Англича́нин:	Да!
Слу́жащий:	С ярлыко́м брита́нской авиакомпа́нии?
Англича́нин:	Да!
Слу́жащий:	Извини́те, таку́ю су́мку мы не находи́ли!

секре́т	secret	сви́тер	sweater
неуже́ли	surely not	вы́ше	taller
	(see grammar notes)	лы́сина	bald patch
сам, сама́, са́ми	oneself	усы́	moustache
	(see grammar notes)	борода́	beard
до сих пор	up to now/still	костю́м	suit
кро́ме	apart from	руба́шка	shirt
собира́ться	to be going to do something	га́лстук	tie
познако́мить	to introduce	чей / чья / чьё / чьи	whose
свой	one's own		(see grammar notes)
	(see grammar notes)	висе́ть	to be hanging
вы́глядеть	to look like	ра́зве	surely not
похо́ж на	similar to (short adj.)		(see grammar notes)
друг дру́га	each other	заставля́ть/заста́вить	
	(see grammar notes)		to make someone do something
блонди́н/-ка	blond/e (noun)	Я пошла́!	I'm off! (fem.)
брюне́т/-ка	brunette (noun)	согла́сен	in agreement
во́лосы	hair	реше́ние	decision
глаз	eye	бюро́ нахо́док	lost property office
глаза́	eyes	теря́ть/по-	to lose
ка́рий	brown (for eyes)	находи́ть/найти́	to find
одева́ться/оде́ться	to get dressed	тяжёлый	heavy
носи́ть	to carry / to wear	ярлы́к	label
джи́нсы	jeans	авиакомпа́ния	airline

Волга

Река Волга - это "главная улица России". Она начинается в Тверской области и впадает в Каспийское море. Её длина 3531 километр.

Летом по Волге ходят современные туристические теплоходы, и от Москвы (сначала по Москве реке) можно доплыть до Астрахани. Это очень популярный маршрут. Вы увидите такие города, как Ярославль, Кострому, Нижний Новгород, Самару, Саратов, Волгоград, Казань и Ульяновск.

Река Волга. Нижний Новгород. Зима.
На противоположном берегу реки видны
индустриальные районы.

Эй, ухнем (отрывок из песни)
Эх ты, Волга, мать-река,
Широка и глубока.
_Ай-да, да, ай-да,_
_Ай-да, да, ай-да,_
Широка и глубока.

Эй, ухнем! Эй, ухнем!
Ещё разик, ещё да раз!
Эй, ухнем! Эй, ухнем!
Ещё разик, ещё да раз!

Из популярной песни 60-ых годов.
Ничего не вижу, ничего не слышу,
Ничего не знаю, ничего никому не скажу!

Зачём ты меня пригласи́ла к себе́?
Why did you invite me to your place?

You met о себе́ - "about oneself" - in Ruslan 1 lesson 7. The word can mean "oneself", "himself", "herself", "myself", "yourself", "yourselves", "themselves" or "ourselves".

There are three forms:

себя́	-	accusative / genitive
себе́	-	dative / prepositional
собо́й	-	instrumental

Examples:

Они́ бы́ли у себя́	-	They were at their (own) place
Она́ ду́мает то́лько о себе́	-	She only thinks about herself
Возьми́ меня́ с собо́й!	-	Take me with you!

Сама́ уви́дишь - You'll see for yourself

Сам / сама́ / са́ми. These also mean "himself", "herself", "myself", "yourself", "yourselves", "themselves" or "ourselves". They are used in the nominative case to add emphasis.

Examples:

Они́ са́ми не зна́ют почему́	-	They don't know why themselves
Я сам не хочу́ е́хать	-	I personally don't want to go

(This point sometimes causes confusion for learners of Russian called "Sam"!)

Я потеря́л свою́ су́мку - I have lost my bag

Свой is used to mean "one's own". It declines in exactly the same way as мой (page 69).

Свой can mean "my", "your", "his", "her", "our" or "their", referring back to the subject of the same sentence:

Я скажу́ вам о своём реше́нии	-	I will tell you of my decision
Мы лю́бим свою́ страну́	-	We love our country
Не забыва́йте свои́ ве́щи!	-	Don't forget your things!

For simplicity свой is often left out:

Он лю́бит жену́ means "he loves his (own) wife"

Be careful:

Он лю́бит его́ жену́ means "he loves his (someone else's) wife"!

Я ничего́ не могу́ сказа́ть - I can't say anything

There are several new examples of negative expressions in the dialogues.
When you use these with a verb you have to include не:

Никто́ не зна́ет о Русла́не	-	Noone knows about Ruslan
Я ничего́ не понима́ю!	-	I don't understand anything!
Я никому́ не говори́ла	-	I haven't told anyone
Я никого́ не ждала́	-	I wasn't expecting anyone
Вы никогда́ не говори́ли	-	You have never said

Неуже́ли никто́ не зна́ет о Русла́не?
Ра́зве не поня́тно?

Ра́зве and неуже́ли are used to express surprise or disbelief. To translate into
English you often have to put it another way:

Неуже́ли никто́ не зна́ет?	-	Surely it's not possible that noone knows?
Ра́зве не поня́тно?	-	Can't you understand?
Ра́зве э́то Вади́м?!	-	It can't be Vadim!

Они́ похо́жи друг на дру́га? - Do they look alike?

The phrase друг дру́га means "each other". Here it is used with на. It can also
be used in other cases and with other prepositions:

друг дру́гу	-	to each other
друг с дру́гом	-	with each other
друг о дру́ге	-	about each other

Ка́рие глаза́ - Brown eyes
Седы́е во́лосы - Grey hair

These two colours are only used for eyes and hair respectively.

Чьё э́то пальто́ - Whose is that coat?

Чей? / Чья? / Чьё? / Чьи? meaning "Whose?" agrees with the noun it refers to.

Чей э́то сви́тер?	-	Whose is that sweater?
Чья э́то маши́на?	-	Whose is that car?
Чьё э́то пальто́?	-	Whose is that coat?
Чьи э́то де́ти?	-	Whose are those children?

Я пошла́! - I'm off!

A colloquial use of the past tense.
Remember to use "пое́хать" if you are using transport:

Пое́хали!	-	Let's go!

Вы согла́сны? - Do you agree?

This is a short adjective - согла́сен / согла́сна / согла́сны

Вы согла́сны стать мое́й жено́й? -	Do you agree to become my wife?
Она́ не согла́сна	- She does not agree. (She is not in agreement)

1. Вы́берите отве́т

а.	У Людми́лы есть секре́т?	Да/Нет
б.	Кто зна́ет о Русла́не?	Никто́/Никто́, кро́ме Тама́ры
в.	Ива́н и Пи́тер похо́жи друг на дру́га?	Да/Нет
г.	Ива́н всегда́ но́сит костю́м?	Да/Нет
д.	Ива́н всегда́ но́сит джи́нсы?	Да/Нет
е.	Пи́тер одева́ется хорошо́?	Да/Нет
ж.	Людми́ла ждала́ Вади́ма?	Да/Нет
з.	Кого́ она́ ждала́?	Пи́тера/Ива́на/Никого́

2. Вста́вьте пропу́щенные глаго́лы

а. Тама́ра _____ Людми́лу к себе́ на кварти́ру, но Людми́ла не _____ почему́. Людми́ла _____, что она́ не _____ секре́ты, но Тама́ра _____, что у Людми́лы то́же _____ секре́т.

> есть - зна́ет - приглаша́ет - лю́бит - говори́т - отвеча́ет

б. Как _____ друзья́ Людми́лы? Ива́н, высо́кий брюне́т, _____ джи́нсы и сви́тер. Пи́тер небольшо́го ро́ста. Он _____ хорошо́. Людми́ла _____, что никто́ ей не _____.

> вы́глядят - одева́ется - нра́вится - говори́т - но́сит

в. В ко́мнату _____ Вади́м. Людми́ла _____, что она́ никого́ не _____. Тама́ра _____ из ко́мнаты. Вади́м _____ Людми́ле предложе́ние. Он её _____. Людми́ла хо́чет _____. Она́ _____ о своём реше́нии в суббо́ту.

> выхо́дит - ска́жет - говори́т - вхо́дит - лю́бит - ждала́
> поду́мать - де́лает

3. Соста́вьте словосочета́ния

дли́нные	предложе́ние
экску́рсия	блонди́н
ка́рие	блу́зка
краси́вая	пальто́
се́рое	авиакомпа́ния
интере́сное	глаза́
брита́нская	костю́м
высо́кий	во́лосы
но́вый	по Во́лге

4. Найдите правильный ответ

а. Куда вы идёте сегодня?
б. Где он работает?
в. Кого вы видели на вокзале?
г. С кем вы танцевали?
д. Кому вы позвонили?
е. Кто пришёл?

Нигде
Ни с кем
Никого
Никто
Никому
Никуда

5. Составьте предложения по образцу

- *Кого вы любите?*
- *Я никого не люблю.*

а. Кто знает об этом?
б. Кого вы ждали?
в. Кому вы говорили об этом?
г. Когда вы были там?
д. Куда вы поехали после работы?
е. Что вы хотите?

6. Вставьте пропущенные слова

а. Она думает только о _____.
б. Мы _____ не знаем, что делать.
в. Она _____ говорит, что это был он.
г. Он купил _____ подарок.
д. Я понимаю _____ проблему.
е. Он понимает _____ проблему.

его
мою
своём
себе
сама
сами
себе

7. Вставьте пропущенные слова

а. Он забыл _____ номер телефона.
б. Он жил в _____ доме.
в. Она позвонила _____ родителям.
г. Она не любит _____ волосы.
д. Англичанин потерял _____ сумку.

свою
свой
своём
своим
свой

8. Противоположные значения

большой	некрасивый
открытый	плохой
длинный	закрытый
хороший	маленький
молодой	старый
красивый	короткий

1. **Как вы вы́глядите? Заполни́те анке́ту:**

| Пол | М.☐ | Ж.☐ | ✓ = Да |

Рост
Высо́кий ☐ Сре́дний ☐ Ни́зкий ☐

Глаза́
Си́ние ☐ Ка́рие ☐ Чёрные ☐
Се́рые ☐ Зелёные ☐

Во́лосы Коро́ткие ☐ Дли́нные ☐
Блонди́н/-ка ☐ Брюне́т/-ка ☐
Чёрные во́лосы ☐
Седы́е во́лосы ☐

Преподава́тель собира́ет анке́ты, пото́м чита́ет отве́ты.
Вы должны́ догада́ться, о ком он чита́ет.

2. **Опиши́те себя́. Разгово́р в па́рах**
Как вы вы́глядите?
Како́го вы ро́ста?
Вы блонди́н/брюне́т?
Каки́е у вас во́лосы? Коро́ткие? Дли́нные?
Каки́е у вас глаза́? Си́ние? Се́рые? Чёрные? Ка́рие?
Ско́лько вам лет?
Что вы обы́чно но́сите?

3. **Вы согла́сны? Рабо́та в гру́ппе.**
Оди́н студе́нт чита́ет предложе́ния. Други́е должны́ сказа́ть,
согла́сны они́ с э́тим и́ли нет.

Ме́сто же́нщины - на ку́хне.
"Ла́да" - хоро́шая маши́на.
Ру́сская грамма́тика сло́жная.
Кэ́дбери - хоро́ший шокола́д.
В То́мске хо́лодно в январе́.

Наприме́р:

- Ме́сто же́нщины - на ку́хне!
- Я согла́сен!
- А я не согла́сна!!
И т.д.

4. В "Бюро́ нахо́док". Ролева́я зада́ча в па́рах. Разыгра́йте диало́г, снача́ла с по́мощью уче́бника, пото́м самостоя́тельно.

> **Тури́ст**
> Вы потеря́ли су́мку в авто́бусе но́мер 23.
> Вы потеря́ли её сего́дня у́тром, в де́сять часо́в.
> Су́мка больша́я, чёрная. В ней был па́спорт, фотогра́фия му́жа/жены́, план го́рода и фотоаппара́т.
> В ней то́же бы́ли де́ньги - 100.000 рубле́й и 30 до́лларов, креди́тная ка́рточка, и ключ ва́шего но́мера в гости́нице.

> **Милиционе́р**
> Вы хоти́те узна́ть, кто э́тот тури́ст, что он/она́ потеря́л(а), где и когда́. Вы хоти́те посмотре́ть его́/её па́спорт.

Адапта́ция биле́та из экза́мена "Preliminary Certificate" Институ́та Лингви́стов, май 1991г.

5. **Игра́ в кругу́. Где вы никогда́ не бы́ли?**
   Пе́рвый говори́т: "Я никогда́ не был в Аме́рике."
   Второ́й говори́т: "Он никогда́ не был в Аме́рике, а я никогда́ не был на Ку́бе."

   И т.д.

6. **Игра́ в кругу́. О чём вы ничего́ не зна́ете?**
   Пе́рвый говори́т: "Я ничего́ не зна́ю об эконо́мике Казахста́на."
   Второ́й говори́т: "Он ничего́ не зна́ет об эконо́мике Казахста́на, а я ничего́ не зна́ю о ру́сской литерату́ре."

   И т.д.

> ру́сская ку́хня - поли́тика Монго́лии - атмосфе́ра Ма́рса
> но́вый президе́нт - сове́тская литерату́ра - и т.д.

ДАВА́ЙТЕ ПОСЛУ́ШАЕМ!

Тама́ра заказа́ла объявле́ние в газе́те. Ей звони́т мужчи́на. Прослу́шайте кассе́ту и отве́тьте на вопро́сы:

а. Как его́ зову́т?
б. Отку́да он звони́т? Из Москвы́ и́ли из То́мска?
в. В како́й день он хо́чет встре́титься с Тама́рой?
г. Как Тама́ра узна́ет его́?

Вы хоти́те соверши́ть путеше́ствие по реке́ от Москвы́ до Санкт-Петербу́рга.
Вас заинтересова́ла рекла́ма о теплохо́де "Никола́й Ба́уман". Узна́йте:

а.   Каки́е удо́бства есть в каю́тах?
б.   Что мо́жно де́лать во вре́мя пое́здки?
в.   Где начина́ется экску́рсия?

ТУРИСТСКИЙ МАРШРУТ ТЕПЛОХОДА "НИКОЛАЙ БАУМАН"

СХЕМА МАРШРУТА

Теплоход "Николай Бауман" -
современный четырёхпалубный
лайнер. Каюты - одноместные,
двухместные и четырёхместные
со всеми удобствами:
кондиционер, холодильник, душ,
туалет. В "плавучем доме
отдыха" есть музыкальный зал
и кинотеатр, библиотека и
читальный зал, солярий и сауна.
Питание - в ресторанах.
Теплоход во время путешествия
делает "зелёные стоянки", на
которых туристы купаются,
ходят в лес за грибами и
ягодами. Организуются игры,
викторины, конкурсы.

Путешествие начинается
с Северного речного вокзала
Москвы и далее -Углич, Валаам,
Санкт-Петербург, Кижи,
Петрозаводск, Вытерга,
Калинин.

Информационное-коммерческое
агентство "Москва"
Москва,
ул. Рождественка 8,
тел. 921-13-48

Приятного путешествия!

Lyudmila and Vadim are seeing Peter off at Sheremetyevo. Ivan arrives - he's gone to the wrong airport! But this gives him another chance to talk to Lyudmila.

Then consternation, as Lyudmila's mother arrives with Ruslan, Lyudmila's son. Ivan rushes off to try to catch his plane, and Peter checks in on his Air France flight.

This is a general revision lesson. The new points are:

☐   the full declension of весь - "all";

☐   expressing the date;

☐   an introduction to the way that verbs can use different prefixes to form perfectives with different meanings.

The reading passage is an article from Moscow "Pravda".

А вот и наш самолёт!

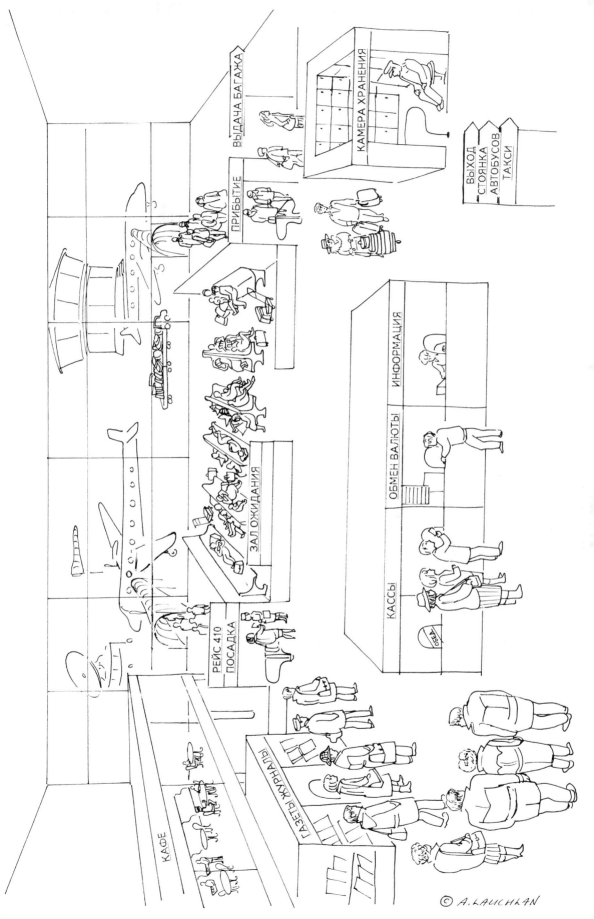

© A.LAUCHLAN

В аэропорту́ Шереме́тьево

Вади́м:	Вы запо́лнили деклара́цию? Па́спорт, биле́т - всё в поря́дке?
Пи́тер:	Вади́м, не волну́йтесь, всё в поря́дке. Людми́ла, мне на́до с тобо́й поговори́ть. Ты мне ещё не дала́ отве́т...
Вади́м:	Оо! Вы уже́ на "ты"!
Людми́ла:	Смотри́те! Ива́н! Что он здесь де́лает? ... Ива́н! Что вы здесь де́лаете?
Ива́н:	Как что? Я улета́ю в Сара́нск.
Вади́м:	Так вы, мой дорого́й, всё перепу́тали. Это Шереме́тьево-2. Междунаро́дный аэропо́рт. Самолёты в Сара́нск улета́ют из Домоде́до
Ива́н:	Это далеко́?
Людми́ла:	Это два часа́ на такси́, и́ли бо́льше. А когда́ рейс?
Ива́н:	В 16.40. Что де́лать?! Опозда́л.

Па́уза

Ива́н:	Лю́да, как хорошо́, что уви́делись пе́ред отъе́здом. Мне на́до тебе́ что́-то о́чень ва́жное сказа́ть. Мо́жно мне на "ты"? ... Дава́й отойдём отсю́да...
Ма́ма:	Лю́дочка! Вот ты где! Мы тебя́ и́щем уже́ полчаса́!
Русла́н:	Ма́мочка!
Вади́м:	Как?
Ива́н:	Что?
Пи́тер:	Ма́ма?!
Людми́ла:	Что вы здесь де́лаете?
Ма́ма:	Мы прие́хали из Со́фрино специа́льно, что́бы тебя́ проводи́ть.
Людми́ла:	Но я никуда́ не улета́ю. Ма́ма, ты всегда́ всё пу́таешь!
Пи́тер:	Лю́да, познако́мьте нас, пожа́луйста.
Людми́ла:	Ма́ма, познако́мься, э́то Пи́тер, э́то Вади́м, а э́то Ива́н. Пи́тер из Ло́ндона, Вади́м из Москвы́, а Ива́н из Сара́нска.
Все:	О́чень прия́тно!
Пи́тер:	О́чень рад с ва́ми познако́миться!
Ма́ма:	А э́то Русла́н. Ему́ во́семь лет. Ру́ська, поздоро́вайся со все́ми.
Русла́н:	Здра́ссьте!

Па́уза

Ива́н:	Так вот како́й у вас Русла́н! Тепе́рь всё поня́тно!
Вади́м:	Да, о́чень интере́сно!
Пи́тер:	Я ничего́ не понима́ю!
Людми́ла:	Ива́н, так что вы хоте́ли сказа́ть? Ся́дем, поговори́м. Это о нас?
Ива́н:	А ... Да нет... Это ничего́... Я пое́ду на такси́. Мо́жет быть мой самолёт заде́рживается. В друго́й раз. До свида́ния. Мне пора́!
Все:	До свида́ния!
Ма́ма:	Како́й прия́тный молодо́й челове́к!
Вади́м:	Да. О́чень... А скажи́, Русла́н, тебе́ уже́ во́семь лет?
Русла́н:	Да. И пя́того сентября́ мне бу́дет де́вять.
Вади́м:	Зна́чит, ты уже́ хо́дишь в шко́лу?

Руслан:	В тре́тий класс.
Ма́ма:	Он о́чень хорошо́ у́чится. Он у́мный ма́льчик.
Пи́тер:	Русла́н, ты говори́шь по-англи́йски?
Руслан:	Я зна́ю то́лько два сло́ва: "Гуд Бай!"

Па́уза

Громкоговори́тель:

<Начина́ется регистра́ция на самолёт францу́зской авиакомпа́нии "Аэр Франс", вылета́ющий 712 ре́йсом в Пари́ж. Пассажи́ров про́сят сро́чно пройти́ на регистра́цию биле́тов.>

Пи́тер:	Мне пора́! До свида́ния. Людми́ла, я вам напишу́ письмо́. Вади́м, вот моя́ визи́тка. Там есть но́мер электро́нной по́чты. Когда́ у вас бу́дет электро́нная по́чта, вы смо́жете мне писа́ть.
Людми́ла:	До свида́ния! Вот вам газе́ты для полёта - "Изве́стия" и "Аргуме́нты и Фа́кты". Я вам то́же напишу́ и всё объясню́.
Вади́м:	Ну, мне то́же пора́. Нам ну́жно серьёзно поговори́ть. Вы меня́ понима́ете?... До свида́ния.
Людми́ла:	До свида́ния, Вади́м....

Па́уза

Мама:	Каки́е прия́тные лю́ди. А кто э́тот америка́нец?
Людми́ла:	Он англича́нин, ма́ма! Заче́м ты прие́хала? Что ты наде́лала!?

заполня́ть/запо́лнить	to fill in	никуда́	nowhere
тамо́женный	customs (adj.)	здоро́ваться/по-сади́ться/сесть	to say hello
волнова́ться	to be worried		to sit down
дава́ть/дать	to give	заде́рживаться	to be delayed
отве́т	answer/reply	у́мный	clever
пу́тать/перепу́тать	to muddle up	громкоговори́тель	loudspeaker
междунаро́дный	international	регистра́ция	registration
опа́здывать/опозда́ть	to be late	проси́ть/по-	to request
ви́деться/у-	to see each other	сро́чно	immediately
пе́ред	before	электро́нная	electronic
отъе́зд	departure	полёт	flight
ва́жный	important	объясня́ть/объясни́ть	to explain
иска́ть/по-	to look for	серьёзно	seriously
специа́льно	specially	наде́лать(perf.)	to do something wrong
провожа́ть/проводи́ть	to see off		(see grammar notes)

Здра́ссьте!   Colloquial form of "Здра́вствуйте"

Таможенная декларация

Когда́ вы въезжа́ете в Росси́йскую Федера́цию и́ли выезжа́ете из неё, на́до запо́лнить тамо́женную деклара́цию.

"Изве́стия" и "Аргуме́нты и Фа́кты"

Две изве́стные росси́йские газе́ты.

Мужчи́на и же́нщина разгова́ривают:

- У вас есть де́ти?
- Да, у меня́ есть сын.
- Он ку́рит?
- Нет.
- Он пьёт?
- Нет.
- Он по́здно прихо́дит домо́й?
- Нет.
- Ваш сын о́чень хоро́ший молодо́й челове́к. Ско́лько ему́ лет?
- Ему́ два ме́сяца.

пе́ред отъе́здом - before departure

Like за in lesson 6, пе́ред - "before" or "in front of" - takes the instrumental case:

пе́ред до́мом	-	in front of the house
пе́ред маши́ной	-	in front of the car
пе́ред на́ми	-	in front of us

Other prepositions that take the instrumental case include:

под	-	under
над	-	above
за	-	behind
ме́жду	-	between / among
ря́дом с	-	next to

Он стои́т пе́ред до́мом	-	He is standing in front of the house
Кот под столо́м	-	The cat is under the table
Над на́ми	-	Above us
Ме́жду ни́ми	-	Among them
За Ната́шей	-	Behind Natasha
Ря́дом с Бори́сом	-	Next to Boris

дава́ть / дать - to give

The imperfective infinitive дава́ть has the stem да-. The present conjugation is:

я даю́, ты даёшь, он/она́ даёт, мы даём, вы даёте, они́ даю́т

The perfective future using дать is irregular:

я дам, ты дашь, он/она́ даст, мы дади́м, вы дади́те, они́ даду́т

иска́ть - to look for

This has the stem ищ- . The present conjugation is:

я ищу́, ты и́щешь, он/она́ и́щет, мы и́щем, вы и́щете, они́ и́щут

сади́ться/сесть - to sit down

The imperfective infinitive is reflexive, but the perfective infinitive is not.
Do not confuse this with сиде́ть - "to be sitting".

сесть

я ся́ду, ты ся́дешь, он/она́ ся́дет, мы ся́дем, вы ся́дете, они́ ся́дут
I will sit down ... etc.

сиде́ть

я сижу́, ты сиди́шь, он/она́ сиди́т, мы сиди́м, вы сиди́те, они́ сидя́т
I am sitting ... etc.

Весь - "all" - has its own declension:

	Masculine	Neuter	Feminine	Plural (all genders)
Nominative	весь	всё	вся	все
Accusative	весь	всё	всю	все
Genitive	всего́	всего́	всей	всех
Dative	всему́	всему́	всей	всем
Instrumental	всем	всем	всей	все́ми
Prepositional	всём	всём	всей	всех

со все́ми - with everyone
всё вре́мя - all the time

Мой день рожде́ния пя́того сентября́
My birthday is on the fifth of September
The genitive case is used to express "on" a particular date.
It is also used for the year when giving a date:

Пе́рвого января́, ты́сяча девятьсо́т девяно́сто пя́того го́да.
On the first of January 1995.

Регистра́ция - registration
Most Russian nouns ending in -а́ция have the ending -ation in English:

адапта́ция	-	adaptation
квалифика́ция	-	qualification
мотива́ция	-	motivation
ситуа́ция	-	situation

Самолёт, вылета́ющий в Пари́ж - The plane departing for Paris
This is the present participle construction that you met in lesson 4.

Пассажи́ров про́сят ... - Passengers are requested to ...
This impersonal third person plural construction is very common in official announcements.

Что ты наде́лала!? - What have you done!?
The prefix на- is used to give a different meaning to the perfective verb.
Different prefixes can give different meanings to a large number of verbs:

Imperfective		Perfectives	
де́лать	to do	сде́лать	to do
		переде́лать	to redo
		доде́лать	to complete
		наде́лать	to do (something) wrong
ду́мать	to think	поду́мать	to have a think
		переду́мать	to change one's mind
		приду́мать	to dream up
плати́ть	to pay	заплати́ть	to pay
		переплати́ть	to pay too much

1. Отве́тьте на вопро́сы

а. Людми́ла дала́ отве́т Пи́теру?   Да / Нет

б. Куда́ улета́ет Ива́н?   В Сара́нск / В Пари́ж

в. Куда́ улета́ет Пи́тер?   В Сара́нск / В Пари́ж

г. Кто прие́хал, что́бы проводи́ть Людми́лу?   Её мать / Её оте́ц

д. Кто перепу́тал аэропо́рты?   Ива́н / Пи́тер

е. Кто Русла́н?   Брат Людми́лы / Сын Людми́лы

ж. Русла́н хо́дит в шко́лу?   Да / Нет

2. Вста́вьте слова́

а. Вади́м и Людми́ла _____ Пи́тера, кото́рый _____ в Пари́ж. Прихо́дит Ива́н. Он _____ аэропо́рты. Самолёты в Саранск _____ не из Шереме́тьево, а из Домоде́дово. Ива́н, наве́рно, уже́ _____ на самолёт.

> опозда́л - улета́ет - провожа́ют - перепу́тал - вылета́ют

б. Ива́н _____ что́-то _____ Людми́ле, но вдруг _____ её мать и сын, Русла́н. Они́ _____ из Со́фрино специа́льно, что́бы её _____

> сказа́ть - хо́чет - прихо́дят - проводи́ть - прие́хали

в. Но Людми́ла никуда́ не _____ . Её мать всё _____ . Пи́тер ничего́ не _____ , а Ива́н _____ , что ему́ на́до _____ . Мо́жет быть его́ самолёт _____ .

> заде́рживается - улета́ет - пое́хать - перепу́тала - говори́т - понима́ет

3. Вста́вьте слова́

а. Ка́жется, _____ не знал, что у Людми́лы есть сын!

б. Людми́ла _____ не улета́ет.

в. Её мать всегда́ _____ пу́тает.

г. Пи́тер _____ не понима́ет.

> никуда́
> всё
> ничего́
> никто́

4. Соста́вьте словосочета́ния

регистра́ция	отъе́здом
прия́тные	ма́льчик
пе́ред	аэропо́рт
междунаро́дный	авиакомпа́ния
электро́нная	биле́тов
у́мный	по́чта
францу́зская	лю́ди

1. Игра́ в кругу́. Когда́ ваш день рожде́ния?
Пе́рвый говори́т: "Мой день рожде́ния пя́тое января́."
Второ́й говори́т: "Его́ день рожде́ния пя́тое января́, а мой день
  рожде́ния два́дцать восьмо́е ма́рта."
И т.д.

2. Рабо́та в па́рах.
Когда́ ваш день рожде́ния?
Когда́ день рожде́ния ва́шего бра́та, ва́шего отца́, ва́шего сы́на?
Когда́ день рожде́ния ва́шей сестры́, ва́шей ма́тери, ва́шей до́чери?

3. Рабо́та в па́рах. Что вы зна́ете об исто́рии Росси́и?

а. Когда́ роди́лся А.С.Пу́шкин?
б. Когда́ он у́мер?
в. Когда́ начала́сь Октя́брьская Револю́ция?
г. Когда́ у́мер Ио́сиф Ста́лин?
д. Когда́ у́мер Леони́д Бре́жнев?
е. Когда́ Юрий Гага́рин полете́л в ко́смос?

Седьмо́го ноября́ ты́сяча девятьсо́т семна́дцатого го́да
Деся́того ноября́ ты́сяча девятьсо́т во́семьдесят второ́го го́да
Пя́того ма́рта ты́сяча девятьсо́т пятьдеся́т тре́тьего го́да
Деся́того февраля́ ты́сяча восемьсо́т тридцать седьмо́го го́да
Шесто́го ию́ня ты́сяча семьсо́т девяно́сто девя́того го́да
Двена́дцатого апре́ля ты́сяча девятьсо́т шестьдеся́т пе́рвого го́да

**4. Поговори́те с преподава́телем и́ли с други́ми студе́нтами
о ребёнке, кото́рого вы зна́ете хорошо́:**
- Это ма́льчик и́ли де́вочка?
- Как его́ / её зову́т?
- Где он / она́ живёт?
- Ско́лько ему́ / ей лет?
- Он / она́ хо́дит в шко́лу?
- Как он / она́ вы́глядит?
- Он / она́ хорошо́ у́чится?
- Он / она́ говори́т по-англи́йски / по-францу́зски и т.д.?
- Он / она́ лю́бит спорт?
- Он / она́ пла́вает?
- Он / она́ мно́го чита́ет?
- Он / она́ ча́сто смо́трит телеви́зор?

4. **Ролева́я зада́ча в па́рах. Разыгра́йте диало́г, снача́ла с по́мощью уче́бника, пото́м самостоя́тельно**

Ру́сский провожа́ет англи́йского тури́ста в аэропорту́ Шереме́тьево:

> **Ру́сский:**
> Спра́шивает о па́спорте, о деклара́ции, о ви́зе, о биле́те. Всё в поря́дке?
> Спра́шивает, куда́ англича́нин лети́т.
> Спра́шивает, кто его́ встреча́ет в Англии.
> Говори́т, что напи́шет ему́ письмо́.

> **Англича́нин:**
> Всё в поря́дке. Па́спорт есть, деклара́ция есть, ви́за есть, биле́т есть.
> Лети́т снача́ла в Ло́ндон, пото́м в Эдинбу́рг.
> В Эдинбу́рге его́ никто́ не встреча́ет.
> Он пое́дет домо́й на такси́.
> Даёт визи́тку.
> Говори́т, что то́же напи́шет и́ли позвони́т.

5. **Рабо́та в па́рах. Зада́йте друг дру́гу вопро́сы о том, когда́ прилета́ют самолёты в Домоде́дово:**
   - Когда́ прилета́ет самолёт из Сама́ры?
   - Како́й но́мер ре́йса из То́мска?
   - Самолёт из Баку́ заде́рживается? Почему́?

   И т.д.

АЭРОПОРТ ДОМОДЕ́ДОВО · ПРИБЫ́ТИЕ

РЕЙС	ОТКУДА	ВРЕМЯ ПРИБЫТИЯ		ПРИЧИНА ЗАДЕРЖКИ
		ПО РАСПИСАНИЮ	ФАКТИЧЕСКИ	
193	ТОМСК	09.05	09.00	
687	САМАРКАНД	09.10	09.05	
742	САМАРА	09.10	10.20	МЕТЕО. УСЛ.
325	САРАНСК	09.20	09.15	
228	ОМСК	09.30	09.40	
702	АШХАБАД	09.30	14.00	МЕТЕО. УСЛ.
342	УФА	09.40	09.40	
110	ЧИТА	09.50	09.55	
856	БАКУ	09.55	10.50	МЕТЕО. УСЛ.
465	ЧЕЛЯБИНСК	10.00	10.00	
218	БАРНАУЛ	10.00	отменен	ТЕХ. ПРИЧИНЫ
179	САРАТОВ	10.10	10.10	
412	ВОЛГОГРАД	10.15	10.15	

6. Очередь за билетами. Игра́ в кругу́

Посмотри́те на карти́нку.

Пе́рвый говори́т: "Типи́чный англича́нин стои́т за Бори́сом."
Второй говори́т: "Типи́чный англича́нин стои́т за Бори́сом, а
Бори́с стои́т за Серге́ем."

И т.д.

7. Рабо́та в па́рах. Посмотри́те на карти́нку и постара́йтесь запо́мнить её. Пото́м зада́йте друг дру́гу вопро́сы:

Где Ни́на?	-	Ни́на за Ири́ной.
Где Ири́на?	-	Ири́на за Гле́бом.
Бори́с пе́ред Серге́ем?	-	Нет. Он пе́ред англича́нином.
И т.д.		

ДАВАЙТЕ ПОСЛУШАЕМ!

Ива́н звони́т Вади́му. Прослу́шайте кассе́ту и отве́тьте на вопро́сы:

а. Отку́да он звони́т?
б. Вади́м знал о Русла́не?
в. Когда́ они́ встре́тятся?

Прочита́йте текст и отве́тьте на вопро́сы:

а. Где состоя́лся ко́нкурс?
б. Кто был гла́вным спо́нсором ко́нкурса?
в. По каки́м трём кла́ссам пи́шущих маши́н проходи́л ко́нкурс?
г. Кто получи́л специа́льный приз и почему́?

ПЕРВЫЙ ГОРОДСКОЙ КОНКУРС МАШИНИСТОК

В субботу, в зале конференций нашей газеты, состоялся первый городской конкурс машинисток.

Первое место по классу механических машинок заняла София Усова. По классу электрических - Ольга Шмыгина, а электронных - Елена Фетисова.

Если в первом туре конкурса участники состязались в скорости письма, то основным критерием второго тура стала точность. Необходимо было в течение 10 минут напечатать определенный текст, допустив как можно меньше ошибок.

Кооператив "Счетмаш", главный спонсор конкурса, подарил победителям, занявшим первые места, электронные машинки "Ромашка".

Занявшие вторые и третьи места получили электрические портативные машинки "Ивица".

Наша газета вручила специальный приз красавице Ольге Шмыгиной, которая на следующий день должна была выйти замуж.

МОСКОВСКАЯ ПРАВДА, 11 декабря 1993 года

ПИШИТЕ!

Напиши́те два сочине́ния:

а. "Почему́ я изуча́ю ру́сский язы́к."
б. "Ива́н и Вади́м встреча́ются."

ОТВЕТЫ К УПРАЖНЕНИЯМ

Most of the exercises in "Ruslan 2" are multiple choice exercises, and there is only one correct answer. However in those cases where you are asked to write your own answer there will be several possibilities, and here we have given just one possible correct answer. We have used the masculine agreement throughout, for simplicity.

Урок 1 - УПРАЖНЕНИЯ

1. а) Он ста́рый. б) В Ленингра́де / В Санкт-Петербу́рге. в) Нет. г) У Вади́ма.
   д) Ему́ 35 лет. е) Да. ж) Нет. з) Класси́ческую му́зыку и ру́сскую наро́дную му́зыку.
2. а) получи́ла. б) умерла́. в) у́мер. г) рабо́тал. д) занима́ется. е) хо́чет. ж) роди́лись.
   з) лю́бит. и) не хо́чет.
3. а) Бори́с. б) Евдоки́я Льво́вна. в) Серге́й Миха́йлович. г) Ива́н. д) Та́ня. е) Га́ля.
   ж) Вади́м. з) Пётр Степа́нович.
4. вку́сный квас / три́дцать два го́да / шестна́дцать лет / чай без са́хара / молоды́е де́ти
   мой дя́дя / молодо́й журнали́ст / краси́вая же́нщина / наро́дная му́зыка / бе́лые но́чи
5. а) Чайко́вский был компози́тором. б) Гага́рин был космона́втом. в) Пу́шкин был поэ́том.
   г) Ке́ннеди был президе́нтом Аме́рики. д) Ле́нин был революционе́ром.
   е) Нуре́ев был танцо́ром. ж) Толсто́й был писа́телем.

Урок 1 - ДАВАЙТЕ ПОСЛУШАЕМ!
а) Нет. б) 31 год. в) Мы не зна́ем. г) Нет.

Урок 1 - ДАВАЙТЕ ПОЧИТАЕМ!
а) Населе́ние го́рода о́коло пяти́ миллио́нов челове́к. б) Да. в) Пётр Пе́рвый.
г) Это когда́ со́лнце не захо́дит и но́чью светло́, как днём. д) Это са́мый большо́й
музе́й Росси́и. е) Потому́ что мно́го кана́лов. ж) Снача́ла Петрогра́д, пото́м Ленингра́д.

Урок 2 - УПРАЖНЕНИЯ

1. а) Ива́н. б) Пи́тер. в) Ива́н. г) Пи́тер. д) Пи́тер. е) Людми́ла. ж) Людми́ла. з) Прохо́жий.
   и) Англича́нин.
2. а) Пи́тер покупа́ет де́сять конве́ртов и де́сять ма́рок. б) Он покупа́ет откры́тки
   с ви́дами Москвы́. в) Ива́н хо́чет посла́ть телегра́мму в Сара́нск. г) Он посыла́ет
   телегра́мму роди́телям. д) Он забы́л написа́ть а́дрес. е) Людми́ла хо́чет получи́ть
   пи́сьма. ж) Она́ получа́ет два письма́. з) Ива́н хо́чет поговори́ть о фотогра́фиях.
3. а) Я пишу́ письмо́ роди́телям. б) Я звоню́ колле́гам. в) Я ду́маю о де́вушках.
   г) Я живу́ с друзья́ми. д) Я рабо́таю с клие́нтами. И т.д.
4. буке́т роз / пе́сня о ро́зах / обме́н валю́ты / конве́рт с ма́рками / фальши́вый докуме́нт
   ближа́йший пункт / авто́бус с пассажи́рами / пакт с коммуни́стами
   бифште́кс с макаро́нами.
5. а) Ка́ждый день я покупа́л газе́ту, но вчера́ я та́кже купи́л журна́л. б) Ка́ждый ме́сяц
   я посыла́ю де́ньги сестре́, но в а́вгусте я та́кже посла́л ей конфе́ты. в) Пи́тер обы́чно
   меня́ет де́ньги в ба́нке, но вчера́ банк был закры́т. Он поменя́л сто до́лларов
   на ста́нции метро́. г)Он обы́чно пи́шет сестре́ пи́сьма, но вчера́ он хоте́л поговори́ть
   с ней. Он ей позвони́л.

Урок 2 - ДАВАЙТЕ ПОСЛУШАЕМ!
а) На по́чту. б) В Ялту. в) Де́сять конве́ртов с ма́рками. г) Зо́я Петро́вна. д) Па́ршин.

Урок 3 - УПРАЖНЕНИЯ

1. а) В Англии. б) Англича́не. в) В Росси́и. г) В Крыму́. д) Людми́ла. е) Ло́ндон.
   ж) В Англии. з) Ру́сские.
2. а) Англича́не ча́ще говоря́т о пого́де, чем ру́сские. б) В Ло́ндоне дождь идёт ча́сто,
   но снег быва́ет ре́дко. в) Ло́ндон большо́й го́род, бо́льше Москвы́. г) Англича́не
   ме́ньше ку́рят, чем ру́сские. д) Ива́н говори́т, что маши́ны сто́ят деше́вле в Росси́и,
   чем в Англии.
3. а) Крым. б) Ло́ндон. в) Санкт-Петербу́рг. г) Толья́тти. д) Москва́.

4. а) Он говори́т, что англича́не о́чень лю́бят спорт. б) Он говори́т, что он мно́го рабо́тает. в) Она́ говори́т, что в Крыму́ тепле́е, чем в А́нглии. г) Он говори́т, что англича́не ку́рят ме́ньше, чем ру́сские. д) Он говори́т, что в Росси́и маши́ны сто́ят деше́вле, чем в А́нглии, что он хо́чет купи́ть "Жигули́", и что в Росси́и нельзя́ оставля́ть маши́ну на у́лице, осо́бенно зимо́й.

5. хоро́шая пого́да / континента́льный кли́мат / три́дцать гра́дусов моро́за коро́ткая весна́ / чёрный ве́чер / бе́лый снег / большо́й го́род.

6. а) Это не быва́ет. б) Это быва́ет. в) Это быва́ет. г) Это не быва́ет. д) Это не быва́ет.

Уро́к 3 - ДАВА́ЙТЕ ПОСЛУ́ШАЕМ!
а) Оди́н гра́дус. б) Холодне́е. в) Нет. г) Да.

Уро́к 3 - ДАВА́ЙТЕ ПОЧИТА́ЕМ!
а) Континента́льный. б) В Сиби́ри. в) В Москве́. г) В Санкт-Петербу́рге.

Уро́к 4 - УПРАЖНЕ́НИЯ
1. а) Что́бы договори́ться о пое́здке. б) Потому́ что пло́хо слы́шно. в) Он бу́дет рабо́тать. г) Потому́ что бу́дет мно́го наро́ду. д) Потому́ что он рабо́тает. е) В сре́ду. ж) В метро́.
2. а) Ива́н. б) Людми́ле. в) В январе́. г) В пя́тницу. д) Около телегра́фа.
3. а) Я вас пло́хо слы́шу. б) Что вы бу́дете де́лать в понеде́льник? в) Я бу́ду рабо́тать. г) А в сре́ду дава́йте пое́дем в Се́ргиев Поса́д. д) Я посмотрю́ расписа́ние. е) В электри́чке бу́дет о́чень мно́го наро́ду. ж) Мы встре́тимся в метро́. з) Мы ку́пим биле́ты на вокза́ле. и) И пое́дем в Се́ргиев Поса́д.
4. До́брое у́тро! / расписа́ние поездо́в / кра́сные ро́зы / пе́рвый ваго́н / день рожде́ния встре́тимся на платфо́рме
5. а) Недалеко́ от Яросла́вского вокза́ла б) Это фотогра́фия моего́ бра́та в) Схе́ма моско́вского метро́ г) Бато́н бе́лого хле́ба д) Па́спорт америка́нского тури́ста
6. а) 6. б) 5. в) 7. г) 2. д) 3. е) 8. ж) 1. з) 4.
7. В понеде́льник я бу́ду рабо́тать весь день, а ве́чером я пойду́ в рестора́н.
   Во вто́рник я бу́ду рабо́тать весь день, а ве́чером я пойду́ в теа́тр.
   В сре́ду я бу́ду рабо́тать весь день, а ве́чером я пойду́ на футбо́л.
   В четве́рг я бу́ду рабо́тать весь день, а ве́чером я пойду́ в кино́.
   В пя́тницу я бу́ду рабо́тать весь день, а ве́чером я пойду́ в поликли́нику.
   В суббо́ту я бу́ду рабо́тать весь день, а ве́чером я пое́ду на да́чу.
   В воскресе́нье я бу́ду лови́ть ры́бу весь день, и ве́чером то́же!

Уро́к 4 - ДАВА́ЙТЕ ПОСЛУ́ШАЕМ!
а)   Что́бы договори́ться о встре́че. б) Нет. в) Да. г) В метро́ "Кра́сные Воро́та".

Уро́к 4 - ДАВА́ЙТЕ ПОЧИТА́ЕМ!
а) В 1932-ом году́. б) 9. в) 130. г) Да. д) 4 рубля́ (1999 год).

Уро́к 5 - УПРАЖНЕ́НИЯ
1. а) Потому́ что она́ чу́вствует себя́ пло́хо. б) Около ме́сяца. в) Принима́ть поливитами́ны и отдыха́ть. г) У Ива́на. д) У англича́нина. е) Не ходи́ть в столо́вую.
2. а) Людми́ла пло́хо себя́ чу́вствует, осо́бенно по утра́м. Она́ пло́хо себя́ чу́вствует около ме́сяца. Врач слу́шает её се́рдце и лёгкие. Он говори́т, что всё в поря́дке, но он рекоменду́ет отдыха́ть. Он даёт ей реце́пт на поливитами́ны.
   б) Ива́н хоте́л тало́н к зубно́му врачу́. Он сказа́л, что боли́т зуб. Но когда́ он уви́дел Людми́лу он забы́л о зу́бе. Он спра́шивал, почему́ она́ была́ у врача́.
3. а) Я пло́хо себя́ чу́вствую. б) Голова́ боли́т. в) Принима́йте по одно́й табле́тке в день. г) Мне пло́хо по утра́м. д) Я не рекоменду́ю принима́ть лека́рства. е) Вот вам реце́пт на поливитами́ны. ж) В поликли́нике есть апте́ка?
4. а) Я не хочу́ чита́ть. У меня́ боля́т глаза́. б) Я не хочу́ есть. У меня́ боли́т живо́т. в) Он не хо́чет пойти́ гуля́ть. У него́ боли́т нога́. г) Я не могу́ писа́ть. У меня́ боли́т рука́.

Уро́к 5 - ДАВА́ЙТЕ ПОСЛУ́ШАЕМ!
а) Зуб. б) Два дня. в) Нет. г) На пеницилли́н.

Уро́к 5 - ДАВА́ЙТЕ ПОЧИТА́ЕМ!

a) От фи́рмы "Центра́льное туристи́ческое аге́нтство". б) В Москве́. в) У него́ был аппендици́т. г) В воскресе́нье. д) Нет.

Уро́к 6 - УПРАЖНЕ́НИЯ

1. a) Людми́ла б) На второ́м в) Кра́сное г) Компа́кт-ди́ск д) Кольцо́
2. Ива́н хо́чет сде́лать пода́рок Людми́ле, потому́ что он возвраща́ется в Сара́нск. Они́ иду́т в магази́н . Людми́ла ме́рит зелёное пла́тье, но оно́ ей не идёт. Наконе́ц она́ покупа́ет кра́сное пла́тье и се́рую ю́бку. Пото́м они́ иду́т в отде́л пласти́нок, потому́ что Ива́н хо́чет купи́ть компа́кт-ди́ск. Пи́тер то́же в магази́не. Он покупа́ет кольцо́ в ювели́рном отде́ле.
3. a) В отде́ле же́нской оде́жды. б) В отде́ле спиртны́х напи́тков. в) В ювели́рном отде́ле. г) В отде́ле о́буви. д) В отде́ле пласти́нок.
4. хоро́шие часы́ / на второ́м этаже́ / кра́сная ю́бка / большо́е спаси́бо / ми́лый челове́к отде́л о́буви / золото́е кольцо́ / вку́сный шокола́д
5. a) Са́мая дли́нная река́ в Евро́пе - Во́лга. б) Са́мый изве́стный ру́сский поэ́т - Алекса́ндр Серге́евич Пу́шкин. в) Са́мый большо́й музе́й Росси́и - Эрмита́ж. г) Са́мая дли́нная река́ в Сиби́ри - Обь. д) Са́мое большо́е о́зеро в Сиби́ри - Байка́л. е) Са́мое холо́дное ме́сто в Росси́и - Верхоя́нск. ж) Са́мая высо́кая гора́ в Росси́и - Эльбру́с. з) Кэ́дбери - э́то са́мый лу́чший шокола́д!

Уро́к 6 - ДАВА́ЙТЕ ПОСЛУ́ШАЕМ!

a) Да. б) У́лица Тверска́я 24, телефо́н 221-44-16. в) Метро́ Тверска́я.

Уро́к 6 - ДАВА́ЙТЕ ПОЧИТА́ЕМ!

1 a) Мужско́й плащ и сва́дебное пла́тье. б) Мерседе́с.
2 a) В 1992-ом году́. б) Бо́лее 16.000 тонн. в) В го́роде Чу́дово о́коло Но́вгорода. г) В Бирмингéме.

Уро́к 7 - УПРАЖНЕ́НИЯ

1. a) Пи́тер б) Да в) Нет г) Нет д) Нет е) Да ж) Да з) Мы не зна́ем
2. Людми́ла узна́ла, что их по́езд отхо́дит с пя́той платфо́рмы. Людми́ла вы́шла из по́езда в Со́фрино, потому́ что у неё там бы́ли дела́. Пи́тер пое́хал в Се́ргиев Поса́д оди́н. Он не знал, как пройти́ в монасты́рь. Когда́ Пи́тер вы́шел из по́езда, он уви́дел вдали́ купола́ монастыря́. На вокза́ле была́ гру́ппа америка́нских тури́стов. Они́ то́же шли в монасты́рь и Пи́тер пошёл за ни́ми. В монастыре́ он посмотре́л це́рковь и музе́й. В два часа́ Людми́ла и Пи́тер встре́тились о́коло фонта́на и пошли́ в рестора́н обе́дать.
3. a) Ива́н и Людми́ла е́хали на по́езде, кото́рый идёт в Алекса́ндров. б) Тури́сты, кото́рые шли в монасты́рь, бы́ли из Нью-Йо́рка. в) Кольцо́, кото́рое купи́л Пи́тер, понра́вилось Людми́ле. г) Экскурсово́д, с кото́рым мы е́хали, знал все интере́сные места́. д) В по́езде, на кото́ром мы е́хали, о́кна бы́ли закры́ты. е) Проводни́ца, кото́рая е́хала с на́ми, не зна́ла почему́. ж) Англича́нин, о кото́ром мы говори́ли, не хоте́л пить чай!
4. расписа́ние поездо́в / террито́рия монастыря́ / пора́ выходи́ть / америка́нские тури́сты сле́дующая остано́вка / сле́дующий по́езд / краси́вое кольцо́.
5. a) - Здра́вствуйте! Куда́ вы идёте?
      - Я иду́ в о́фис.
      - Вы всегда́ хо́дите туда́ пешко́м?
   б) - Здра́вствуй! Куда́ ты идёшь?
      - Я иду́ в теа́тр.
      - Ты ча́сто хо́дишь в теа́тр?
6. a) - Здра́вствуйте! Куда́ вы е́дете?
      - Я е́ду на рабо́ту.
      - Вы всегда́ е́здите туда́ на метро́?
   б) - Здра́вствуй! Куда́ ты е́дешь?
      - Я е́ду на да́чу.
      - Ты е́здишь туда́ ка́ждую суббо́ту?

Урóк 7 - ДАВÁЙТЕ ПОСЛÚШАЕМ!

а) На Ярослáвский вокзáл. б) Пи́тер. в) Потомý что он инострáнец.
г) Онá не знáет, на какóм пóезде Пи́тер хóчет поéхать.

Урóк 7 - ДАВÁЙТЕ ПОЧИТÁЕМ!

а) Потомý что странá большáя. б) На сéвер. в) Он (и́ли онá) поддéрживает порядок
в вагóне, помогáет пассажи́рам и продаёт им бельё и чай.

Урóк 8 - УПРАЖНÉНИЯ

1. а) Ивáн и Пи́тер. б) Отéц Пи́тера. в) Мóжет быть. г) Да. д) Нет. е) Нет. ж) Да. з) Нет.
   и) У Ивáна. к) Оригинáл .
2. Пи́тер уезжáет в суббóту. Сначáла он лети́т в Пари́ж. Там живёт его́ отéц. Пи́тер
   встрéтит отцá в Пари́же. Потóм он поéдет в Лóндон. Он снóва, мóжет быть, приéдет
   в Москвý в январé. Вади́м хóчет поéхать в Лóндон, чтóбы читáть лéкции о кинó.
   Он говори́т об э́том Пи́теру. Пи́тер отвечáет, что он подýмает.
3. а) Пи́тер хóчет повидáть отцá. б) Ивáн улетáет в суббóту. в) Вади́м хóчет читáть
   лéкции в Лóндоне. г) Ивáн хóчет стать дирéктором фи́рмы. д) Ивáн пришёл
   попрощáться с Людми́лой. е) Ивáн и Пи́тер ужé знакóмы. ж) У мýжа Зóи Петрóвны
   былá секрéтная рабóта.
4. рýсская литератýра / отвéт на вопрóс / молодóй миллионéр / дирéктор фи́рмы
   секрéтная рабóта / сто процéнтов / проблéма с налóгами / фотокóпия оригинáла.
5. а) Я хотéл бы послáть посы́лку, но пóчта закры́та. б) Я хотéл бы поéхать в Москвý,
   но нет поездóв. в) Я хотéл бы пойти́ в теáтр, но нет билéтов. г) Я хотéл бы
   переночевáть, но гости́ница закры́та. д) Я хотéл бы приня́ть душ, но нет воды́.
   е) Я хотéл бы подня́ться на тринáдцатый этáж, но лифт не рабóтает. ж) Я хотéл бы
   пообéдать, но ресторáн закры́т.
6. а) Éсли бы пóчта былá откры́та, я бы послáл посы́лку. б) Éсли бы бы́ли поездá,
   я бы поéхал в Москвý. в) Éсли бы бы́ли билéты, я бы пошёл в теáтр.
   г) Éсли бы гости́ница былá откры́та, я бы переночевáл. д) Éсли бы былá водá,
   я бы при́нял душ. е) Éсли бы лифт рабóтал, я бы подня́лся на 13ый этáж.
   ж) Éсли бы ресторáн был откры́т, я бы пообéдал.
7. а) Мы не знáем, лю́бит ли онá егó. б) Мы не знáем, лю́бит ли он её. в) Мы не знáем,
   хóчет ли он пригласи́ть егó в Лóндон. г) Мы не знáем, хóчет ли онá поéхать
   в Сарáнск. д) Мы не знáем, говори́т ли онá по-англи́йски. е) Мы не знáем, говори́т
   ли он по-францýзски. ж) Мы не знáем, полýчит ли он дéньги обрáтно.

Урóк 8 - ДАВÁЙТЕ ПОСЛÚШАЕМ!

а) Рабóта секретáрши. б) Человéк с дипломóм секретáрши. в) На метрó, а потóм
пешкóм. г) Онá ещё спрáшивает о том, кýрят ли в óфисе.

Урóк 8 - ДАВÁЙТЕ ПОЧИТÁЕМ!

а) Отдыхáть на дáче. б) 11%. в) Óколо 2000.

Урóк 9 - УПРАЖНÉНИЯ

1. а) Да. б) Никтó, крóме Тамáры. в) Нет. г) Нет. д) Да. е) Да. ж) Нет. з) Никóго.
2. а) Тамáра приглашáет Людми́лу к себé на квáртиру, но Людми́ла не знáет почемý.
   Людми́ла говори́т, что онá не лю́бит секрéты, но Тамáра отвечáет, что у Людми́лы
   тóже есть секрéт.
   б) Как вы́глядят друзья́ Людми́лы? Ивáн, высóкий брюнéт, нóсит джи́нсы и сви́тер.
   Пи́тер небольшóго рóста. Он одевáется хорошó. Людми́ла говори́т, что ей никтó
   не нрáвится.
   в) В кóмнату вхóдит Вади́м. Людми́ла говори́т, что онá никогó не ждалá.
   Тамáра выхóдит из кóмнаты. Вади́м дéлает Людми́ле предложéние. Он её лю́бит.
   Людми́ла хóчет подýмать. Онá скáжет о своём решéнии в суббóту.
3. дли́нные вóлосы / экскýрсия по Вóлге / кáрие глазá / краси́вая блýзка / сéрое пальтó
   интерéсное предложéние / бритáнская авиакомпáния / высóкий блонди́н
   нóвый костю́м.
4. а) Никудá. б) Нигдé. в) Никогó. г) Ни с кем. д) Никомý. е) Никтó.

5. а) Никто́ не зна́ет. б) Я никого́ не ждал. в) Я никому́ не говори́л.
   г) Я никогда́ не был там. д) Я никуда́ не пое́хал. е) Я ничего́ не хочу́.
6. а) Она́ ду́мает то́лько о себе́. б) Мы са́ми не зна́ем, что де́лать. в) Она́ сама́ говори́т, что э́то был он. г) Он купи́л себе́ пода́рок. д) Я понима́ю его́ пробле́му. е) Он понима́ет мою́ пробле́му. ж) Она́ ска́жет о своём реше́нии в суббо́ту.
7. а) Он забы́л свой но́мер телефо́на. б) Он жил в своём до́ме. в) Она́ позвони́ла свои́м роди́телям. г) Она́ не лю́бит свои́ во́лосы. д) Англича́нин потеря́л свою́ су́мку.
8. большо́й/ма́ленький : откры́тый/закры́тый : дли́нный/коро́ткий : хоро́ший/плохо́й молодо́й/ста́рый : краси́вый/некраси́вый

Уро́к 9 - ДАВА́ЙТЕ ПОСЛУ́ШАЕМ!

а) Андре́й. б) Из Москвы́. в) В пя́тницу. г) Он высо́кий брюне́т. Он бу́дет в зелёном сви́тере, с буке́том кра́сных роз!

Уро́к 9 - ДАВА́ЙТЕ ПОЧИТА́ЕМ!

а) В каю́тах есть кондиционе́р, холоди́льник, душ и туале́т. б) Мо́жно слу́шать му́зыку, смотре́ть фи́льмы, чита́ть, ходи́ть в соля́рий и́ли в са́уну. в) В Москве́.

Уро́к 10 - УПРАЖНЕ́НИЯ

1. а) Нет. б) В Сара́нск. в) В Пари́ж. г) Её мать. д) Ива́н. е) Сын Людми́лы. ж) Да.
2. а) Вади́м и Людми́ла провожа́ют Пи́тера, кото́рый улета́ет в Пари́ж. Прихо́дит Ива́н. Он перепу́тал аэропо́рты. Самолёты в Сара́нск вылета́ют не из Шереме́тьево, но из Домоде́дово. Ива́н, наве́рно, уже́ опозда́л на самолёт.
   б) Ива́н хо́чет что́-то сказа́ть Людми́ле, но вдруг прихо́дят её мать и сын, Русла́н. Они́ прие́хали из Со́фрино специа́льно, что́бы её проводи́ть
   в) Но Людми́ла никуда́ не улета́ет. Её мать всё перепу́тала. Пи́тер ничего́ не понима́ет, а Ива́н говори́т, что ему́ на́до пое́хать. Мо́жет быть его́ самолёт заде́рживается.
3. а) Ка́жется, никто́ не знал, что у Людми́лы есть сын. б) Людми́ла никуда́ не улета́ет. в) Её мать всегда́ всё пу́тает. г) Пи́тер ничего́ не понима́ет.
4. регистра́ция биле́тов / прия́тные лю́ди / пе́ред отъе́здом / междунаро́дный аэропо́рт электро́нная по́чта / у́мный ма́льчик / францу́зская авиакомпа́ния

Уро́к 10 - ДАВА́ЙТЕ ПОСЛУ́ШАЕМ!

а) Из Сара́нска. б) Нет. в) В сре́ду ве́чером.

Уро́к 10 - ДАВА́ЙТЕ ПОЧИТА́ЕМ!

а) В Москве́, в за́ле конфере́нций газе́ты "Моско́вская Пра́вда".
б) Кооперати́в "Счетма́ш". в) Механи́ческие, электри́ческие и электро́нные.
г) Ольга Шмы́гина, потому́ что на сле́дующий день она́ должна́ была́ вы́йти за́муж.

МАТЕРИАЛ ДЛЯ ПРОСЛУШИВАНИЯ

Уро́к 1

Людми́ла:	Зо́я Петро́вна, а у Ива́на есть жена́?
Зо́я Петро́вна:	Ну что ты, Лю́да. Я ду́маю, что он ещё не жена́т.
Людми́ла:	А ско́лько ему́ лет?
Зо́я Петро́вна:	Три́дцать оди́н год.
Людми́ла:	А где он живёт?
Зо́я Петро́вна:	Я ду́маю, что он живёт с ма́мой в Сара́нске. Но я не уве́рена в э́том.
Людми́ла:	Зна́чит, у него́ нет кварти́ры?
Зо́я Петро́вна:	Я не зна́ю. А почему́ ты спра́шиваешь? Он что? Приглаша́л тебя́ в го́сти?
Людми́ла:	Мо́жет быть.
Зо́я Петро́вна:	К сожале́нию, я зна́ю так ма́ло о семье́ свое́й сестры́ в Сара́нске. Это о́чень пло́хо!

Уро́к 2

Зо́я Петро́вна:	Вади́м, куда́ ты идёшь?
Вади́м:	Я иду́ на по́чту.
Зо́я Петро́вна:	Да? Ты мо́жешь отосла́ть посы́лку в Ялту?
Вади́м:	Коне́чно. Где она́?
Зо́я Петро́вна:	Она́ у меня́ в ко́мнате. И купи́ мне де́сять конве́ртов с ма́рками.
Вади́м:	Ма́ма, ты забы́ла написа́ть а́дрес на посы́лке.
Зо́я Петро́вна:	Пра́вда? Ну напиши́ сам!
Вади́м:	Кому́ посы́лка?
Зо́я Петро́вна:	Ты же зна́ешь! Оле́гу коне́чно! Кого́ ещё мы зна́ем в Ялте?
Вади́м:	Я не по́мню его́ фами́лию.
Зо́я Петро́вна:	Па́ршин Оле́г Ильи́ч. Го́род Ялта, у́лица Ле́нина, дом 28, кварти́ра 266.

Уро́к 3

Говори́т Москва́. Моско́вское вре́мя 12 часо́в. О пого́де. По све́дениям гидрометце́нтра в Москве́ сейча́с оди́н гра́дус. Сего́дня в столи́це снег, си́льный ве́тер, температу́ра ми́нус два гра́дуса. Температу́ра но́чью ми́нус четы́ре, ми́нус шесть. За́втра со́лнце, не бу́дет сне́га и бу́дет холодне́е, до ми́нус десяти́. За́втра но́чью бу́дет си́льный моро́з.

Уро́к 4

Тама́ра:	Алло́, я слу́шаю.
Людми́ла:	То́ма, э́то ты? Мне на́до с тобо́й сро́чно встре́титься.
Тама́ра:	В чём де́ло? Скажи́ мне сейча́с.
Людми́ла:	Нет, э́то не телефо́нный разгово́р. У тебя́ сейча́с вре́мя есть?
Тама́ра:	Нет. Я сейча́с ухожу́ и приду́ по́здно. А что случи́лось?
Людми́ла:	Тогда́ за́втра?
Тама́ра:	Нет. За́втра воскресе́нье. По воскресе́ньям я хожу́ на йо́гу.
Людми́ла:	Коро́че, у тебя́ нет свобо́дного вре́мени, и ты не мо́жешь со мной встре́титься!

Тама́ра: Да ла́дно. Норма́льно. Встре́тимся за́втра ве́чером в полови́не
шесто́го в метро́ "Кра́сные Воро́та".
Людми́ла: Хорошо́. Я бу́ду е́хать из це́нтра. Пе́рвый ваго́н. Пока́.

Уро́к 5

Врач: На что вы жа́луетесь?
Ива́н: У меня́ боли́т зуб.
Врач: Откро́йте рот, я посмотрю́..... Вот э́тот?
Ива́н: Ааа... да, о́чень бо́льно!
Врач: Де́ло пло́хо! Этот зуб придётся удали́ть. Он у вас давно́ боли́т?
Ива́н: Со среды́.
Врач: А сего́дня пя́тница. Зна́чит два дня. Что же вы ра́ньше не пришли́?
Ива́н: Ра́ньше не́ было направле́ния.
Врач: Ну, хорошо́. Я сейча́с сде́лаю вам уко́л, и че́рез пятна́дцать мину́т
зуб удали́м. Вы в да́нный моме́нт никаки́х лека́рств не принима́ете?
Ива́н: Нет.
Врач: Аллерги́ей не страда́ете?
Ива́н: У меня́ аллерги́я на пеницилли́н.
Врач: Хорошо́. Откро́йте рот...

Уро́к 6

Дом му́зыки! Улица Тверска́я 24! Са́мый лу́чший музыка́льный магази́н
в Москве́! Компакт-ди́ски, аудиокассе́ты, пласти́нки на все вку́сы! У нас вы
найдёте всё, что хоти́те: кла́ссику, ру́сскую наро́дную му́зыку, джаз,
америка́нский рок и мно́гое друго́е. Наш магази́н для соли́дных клие́нтов, а
це́ны вас прия́тно удивя́т - они́ ни́же ры́ночных! Мы ждём вас по а́дресу:
Улица Тверска́я 24, телефо́н 221-44-16. Са́мый лу́чший музыка́льный магази́н
в Москве́! Приходи́те, приезжа́йте! Ста́нция метро́ - Тверска́я. Мы всегда́
вам ра́ды!

Уро́к 7

Людми́ла: Алло́! Это Яросла́вский вокза́л?
Рабо́тник ка́ссы: Да. Что вы хоти́те?
Людми́ла: Я хочу́ заказа́ть биле́ты на по́езд до Ни́жнего Но́вгорода.
Рабо́тник ка́ссы: Когда́ вы хоти́те пое́хать?
Людми́ла: Это не я. Это, подожди́те, ... Пи́тер Смит.
Рабо́тник ка́ссы: Вы зна́ете, что для иностра́нцев доро́же, да?
Когда́ она́ хо́чет пое́хать?
Людми́ла: Это не она́. Это он.
Рабо́тник ка́ссы: Америка́нец?
Людми́ла: Нет. Англича́нин.
Рабо́тник ка́ссы: Хорошо́. Когда́ он хо́чет пое́хать?
Людми́ла: В пя́тницу шесто́го ию́ня.
Рабо́тник ка́ссы: Хорошо́. На како́м по́езде?
Людми́ла: Я не зна́ю. А когда́ отхо́дят поезда́?
Рабо́тник ка́ссы: Утром в 10.10. Ве́чером в 23.00.
Людми́ла: И ско́лько идёт по́езд?
Рабо́тник ка́ссы: Днём по́езд идёт семь часо́в. Но́чью побо́льше.
Он прибу́дет в семь три́дцать.
Людми́ла: Спаси́бо. Я перезвоню́ вам.

Урок 8

Дире́ктор фи́рмы:	Алло́, я слу́шаю.
Тама́ра:	Здра́вствуйте. Я звоню́ по по́воду ва́шего объявле́ния в газе́те. Вы и́щете секрета́ршу?
Дире́ктор фи́рмы:	Да.
Тама́ра:	Я хоте́ла бы вы́яснить ко́е-каки́е вопро́сы. Во-пе́рвых, в объявле́нии не ска́зано кака́я зарпла́та.
Дире́ктор фи́рмы:	Это зави́сит от ва́шей квалифика́ции. Вы име́ете дипло́м секрета́рши?
Тама́ра:	Да.
Дире́ктор фи́рмы:	Хорошо́. Тогда́ пришли́те своё заявле́ние. Наш а́дрес в газе́те.
Тама́ра:	Каки́м ви́дом тра́нспорта мо́жно дое́хать до вас?
Дире́ктор фи́рмы:	Мо́жно дое́хать до метро́ Смоле́нская, а там мину́т де́сять пешко́м.
Тама́ра:	У меня́ аллерги́я от табака́. В ва́шем о́фисе ку́рят?
Дире́ктор фи́рмы:	Там, где вы бу́дете сиде́ть, нет. То́лько у меня́ в кабине́те!
Тама́ра:	Хорошо́. Я сего́дня вы́шлю заявле́ние.
Дире́ктор фи́рмы:	Пожа́луйста. До свида́ния.

Урок 9

Го́лос Тама́ры:	Алло́! Говори́т автоотве́тчик. Оста́вьте, пожа́луйста, сообще́ние по́сле гудка́.
Андре́й:	Здра́вствуйте, Тама́ра! Я чита́л ва́ше объявле́ние в газе́те. Меня́ зову́т Андре́й Сме́хов. Я из То́мска. Я био́лог. Мне три́дцать два го́да. Я о́чень симпати́чный, высо́кий, с ю́мором. Я брюне́т. Я культу́рный челове́к, серьёзный. Дава́йте встре́тимся, е́сли хоти́те. Я ско́ро уезжа́ю в Томск. Дава́йте встре́тимся в кафе́ "Луна́" в семь часо́в ве́чера в пя́тницу. Я бу́ду в зелёном сви́тере, с больши́м буке́том кра́сных роз! Перезвони́те, пожа́луйста. Как вы вы́глядите? Как я вас узна́ю? Андре́й Сме́хов. Мой телефо́н в Москве́: 293 23-03, а в То́мске: 75-04-02. До встре́чи. Андре́й.

Урок 10

Ива́н:	До́брый ве́чер!
Вади́м:	Кто говори́т?
Ива́н:	Ива́н Козло́в. Я звоню́ из Сара́нска.
Вади́м:	Поня́тно. А Людми́лы нет до́ма. Она́ у ма́мы в Со́фрино.
Ива́н:	Я хоте́л с ва́ми поговори́ть.
Вади́м:	Вот как!
Ива́н:	Вади́м Бори́сович, чей э́то ма́льчик?
Вади́м:	Ра́зве вы не по́няли?! Это её сын, Русла́н.
Ива́н:	А я об э́том ничего́ не знал!
Вади́м:	Я то́же!
Ива́н:	Вот вам же́нщины!
Вади́м:	Ива́н Никола́евич, когда́ вы ещё раз бу́дете в Москве́?
Ива́н:	На сле́дующей неде́ле.
Вади́м:	Дава́йте тогда́ всре́тимся, поговори́м, ла́дно?
Ива́н:	С удово́льствием. Дава́йте в сре́ду ве́чером.
Вади́м:	Хорошо́.
Ива́н:	Тогда́, как прие́ду, я вам позвоню́.
Вади́м:	Хорошо́. Договори́лись. До встре́чи.

РУССКИЙ АЛФАВИТ

а	б	в	г	д	е	ё
ж	з	и	й	к	л	м
н	о	п	р	с	т	у
ф	х	ц	ч	ш	щ	ъ
ы	ь	э	ю	я		

КАРТА РОССИЙСКОЙ ФЕДЕРАЦИИ

РУССКО-АНГЛИЙСКИЙ СЛОВАРЬ

This is a Russian-English list of all the words in the dialogues, exercises, reading passages, listening passages, pictures and instructions. Where words have more than one meaning, the meaning used in this course has been given. The more common verbs are given in their aspect pairs, imperfective and perfective. The list is designed to help you work with "Ruslan 2", mainly from Russian to English. To work from English to Russian you will need a dictionary.

а	and / but	библиотéка	library
áвгуст	August	бízнес	business
авиакомпáния	airline	бизнесмéн	businessman
автóбус	bus	билéт	ticket / exam paper
автóбусный	bus (adj.)	биóлог	biologist
автомáт	automatic machine	бифштéкс	steak
автомобíль (m.)	car	бланк	form
автоотвéтчик	answering machine	ближáйший	nearest
áвтор	author	блондíн/-ка	blond/e
Агá!	Aha!	блýзка	blouse
агéнт	agent	бог	God
агéнтство	agency	бóжий	God's
адаптáция	adaptation	бок	side (of body)
áдрес	address	с бокóв (colloquial)	on both sides
акадéмия	academy	бóлее	more
актрíса	actress	бóлен / больнá	ill (short adj.)
аллергíя	allergy	болéть (imp.)	to be ill / to hurt
Аллó!	Hello! (on the phone)	боль (f.)	pain
альбóм	album	больнíца	hospital
Амéрика	America	бóльно	painful
американец	American	больнóй	patient
американский	American (adj.)	бóльше	more / bigger
анáлиз	analysis / test	большóй	big
англúйский	English	бородá	beard
англичáнин /-ка	Englishman / -woman	бóчка	barrel
Англия	England	брат	brother
анекдóт	joke	брать / взять	to take
анкéта	form	британский	British
аппендицúт	appendicitis	брюнéт	brunette
аппетит	appetite	бýдни	weekdays
апрéль (m.)	April	букéт	bouquet
аптéка	chemist's	бультерьéр	bull terrier
арбýз	melon	бумáга	paper
арестовáть (perf.)	to arrest	бутербрóд	sandwich
áрмия	army	бутылка	bottle
архитектýра	architecture	бы	conditional particle (lesson 8)
ассортимéнт	assortment	бывáть (imp.)	to be (regularly)
атмосфéра	atmosphere	быстро	quickly
аудиокассéта	audio-cassette	быть	to be
аэропóрт	airport	бюрó	bureau
бáбушка	grandmother	бюрó нахóдок	lost property office
банáн	banana	в (+ prep.)	at / in
бандерóль (f.)	printed papers	в (+ acc.)	to / into
банк	bank	вагóн	carriage
батóн	loaf	вáжный	important
без (+ gen.)	without	вальс	waltz
бéлый	white	валюта	hard currency
бельё	linen	вам / вáми	see вы
бéрег	bank / shore	вариáнт	alternative
беспокóиться (imp.)	to worry	вас	see вы

ваш	your	восток	east
введе́ние	introduction	до востре́бования	poste restante
вдали́	in the distance	восьмидеся́тый	eightieth
вдоль (+ gen.)	along	восьмо́й	eighth
вдруг	suddenly	вот	there (pointing)
век	century	впада́ть (imp.)	to flow in to
веле́ть (imp.)	to order / command	вполне́	fully
вели́к	big (of clothes)	врач	doctor
вели́кий	great	вре́мя	time
Великобрита́ния	Great Britain	вручи́ть (perf.)	to hand to
велосипе́д	bicycle	вса́дник	horseman
верну́ть	see возвраща́ть	все	everyone / all
верну́ться	see возвраща́ться	всегда́	always
весёлый	jolly	всеросси́йский	All Russian
весна́	spring	всё	see весь
весь / вся / всё etc.	all	вста́вить (perf.)	to insert
ве́тер	wind	встре́ча	meeting
ве́чер	evening	встреча́ться / встре́титься	to meet
вещь (f.)	thing	вся	see весь
взять	see брать	вто́рник	Tuesday
вид	view / type	второ́й	second
вида́ть / повида́ть	to meet up with / to see	втроём	three (people or things) together
ви́ден / видна́ / ви́дно / видны́	visible	входи́ть / войти́	to go in
видеомагнитофо́н	video recorder	вчера́	yesterday
ви́деть / уви́деть	to see	въезжа́ть / въе́хать	to drive in
ви́деться / уви́деться	to see each other	вы (вас / вам / ва́ми)	you
видна́ / ви́дно / видны́	see ви́ден	выбира́ть / вы́брать	to choose
ви́за	visa	вы́глядеть (imp.)	to look like
визи́тка	visiting card	вы́дача	issue
викто́рина	party game	выезжа́ть/вы́ехать из	to drive out of
вино́	wine	вы́играть (perf.)	to win
виногра́дник	vineyard	вы́йти	see выходи́ть
висе́ть (imp.)	to be hanging	вы́йти за́муж	to get married (for a woman)
вишнёвый	cherry (adj.)	вылета́ть/вы́лететь	to fly out
включа́ть/включи́ть	to turn on	вы́пить	see пить
вкус	taste	вы́пуск	production
вку́сный	tasty	высо́кий	tall
вме́сте	together	вы́ставка	exhibition
вода́	water	вы́учить (perf.)	to learn
во́дка	vodka	вы́ход	exit
вое́нный	military	выходи́ть / вы́йти	to go out
возрази́ть	to interject	выходно́й	day off
во́зраст	age	вы́ше	taller
возвраща́ть / верну́ть	to return (something)	вы́яснить (perf.)	to clarify
возвраща́ться / верну́ться	to return	газе́та	newspaper
во́инская пови́нность		галантере́я	haberdashery
	compulsory military service	га́лстук	tie
война́	war	гара́ж	garage
войти́	see входи́ть	гара́нтия	guarantee
вокза́л	(main) station	где	where
волк	wolf	геро́й	hero
волнова́ться (imp.)	to worry	гид	guide
во́лосы	hair	гидрометце́нтр	weather centre
вон	over there	гинеко́лог	gynaecologist
вопро́с	question	гита́ра	guitar
воро́та	gates	гла́вный	main
восемна́дцатый	eighteenth	глаго́л	verb
во́семь	eight	глаз	eye
во́семьдесят	eighty	глубо́кий	deep
воскресе́нье	Sunday	гнездо́	nest

говори́ть / поговори́ть	to speak	девяно́стый	ninetieth
говори́ть / сказа́ть	to say	девятна́дцатый	nineteenth
год	year	девя́тый	ninth
(10 лет	10 years)	де́вять	nine
голова́	head	девятьсо́т	nine hundred
го́лос	voice	де́душка	grandfather
голубо́й	light blue	действи́тельно	indeed
голу́бчик	little pigeon / darling (male)	декабрь (m.)	December
гора́	hill	деклара́ция	declaration
гора́здо	much	деко́дер	decoder
гори́лла	gorilla	де́лать / сде́лать	to do
го́рло	throat	де́ло	business
го́род	town	де́нежный	money (adj.)
городско́й	town (adj.)	день (m.)	day
господи́н	mister	де́ньги	money
гостеприи́мство	hospitality	деревя́нный	wooden
гости́ница	hotel	де́сять	ten
гость (m.)	guest	де́ти	children
госуда́рственный	state (adj.)	де́тский	children's
гото́вить	to prepare / to cook	деше́вле	cheaper
гра́дус	degree (temp.)	дешёвый	cheap
грамма́тика	grammar	джаз	jazz
грана́та	grenade	джин	genie
грани́ца	frontier	джи́нсы	jeans
гриб	wood mushroom	диало́г	dialogue
грози́ть (imp.)	to threaten	дипло́м	diploma
громкоговори́тель	loudspeaker	диплома́т	diplomat
грудь (f.)	chest / breast	дире́ктор	director
грузи́нский	Georgian	дискоте́ка	discothèque
гру́ппа	group	диску́ссия	discussion
гру́стный	sad	дистрибью́тор	distributor
гу́бы	lips	длина́	length
гудо́к	horn / tone	длинне́е	longer
гуля́ть / погуля́ть	to go for a walk / stroll	дли́нный	long
да	yes	для (+ gen.)	for
дава́йте	let's	до (+ gen.)	as far as / until
дава́ть / дать	to give	до сих пор	until now
давно́	for a long time / a long time ago	до́брый	kind
да́же	even	дово́льно	quite
да́лее	further	догада́ться (perf.)	to guess
далеко́	a long way	договори́ться (perf.)	to agree an arrangement
да́льний	see по́езд	доде́лать (perf.)	to complete
да́льше	further	доезжа́ть / дое́хать до	to reach (by transport)
да́нные	data	дождь (m.)	rain
да́нный	given	дойти́	see доходи́ть
дари́ть / подари́ть	to give (a present)	до́ктор	doctor (form of address)
дать	see дава́ть	докуме́нт	document
да́ча	dacha	до́лго	for a long time
два	two	до́лжен	should (short adj.)
двадца́тый	twentieth	до́лжность (f.)	duty
два́дцать	twenty	до́ллар	dollar
двена́дцатый	twelfth	дом	house
двена́дцать	twelve	до́ма	at home
дверь (f.)	door	дома́шний	home (adj.)
двести	two hundred	домо́й	to home
движе́ние	movement	домохозя́йка	housewife
двухме́стный	two berth	доплы́ть до (perf.)	to sail as far as
де́вочка	little girl	дореволюцио́нный	pre-revolutionary
де́вушка	girl / young woman	доро́га	road
девяно́сто	ninety	дорого́й	dear / expensive

доро́же	more expensive	загражде́ние	fencing / bars
достопримеча́тельность (f.)		задава́ть / зада́ть	to ask (a question)
	sight / thing worth seeing	зада́ча	task
доходи́ть / дойти́	to reach (by foot)	заде́рживаться (imp.)	to be delayed
дочь (f.)	daughter	заде́ржка	delay
друг	friend	заду́мчивый	thoughtful
друго́й	another	заезжа́ть / зае́хать	to call in on (by transport)
друзья́	friends	заинтересова́ть	see интересова́ть
ду́мать / поду́мать	to think	зайти́	see заходи́ть
духо́вный	ecclesiastical	заказа́ть (perf.)	to order
душ	shower	зака́зчик	client
дя́дя	uncle	зако́н	law
европе́йский	European	зако́нчить (perf.)	to finish (something) off
Евро́па	Europe	зако́нчиться (perf.)	to end
его́	his / him	закрыва́ться / закры́ться	to close
еда́	food	закры́т	closed (short adj.)
её	hers / her	закры́тый	closed
ежедне́вно	daily	зал	hall
ей	to her	заложён	secured (short adj.)
е́здить (imp.)	to travel (regularly)	за́мок	castle
ему́	to him	за́муж	see вы́йти за́муж
ерунда́	nonsense	за́мужем	married (of a woman)
е́сли	if	занима́ться (imp.)	to do / be occupied with
есть	there is		an activity
есть / съесть	to eat	заня́тие	activity
е́хать / пое́хать	to go (by transport)	заня́ть (perf.)	to occupy
ещё	still	за́пад	west
жа́ловаться (imp.)	to complain	запасно́й	emergency (adj.)
жаль	pity	записа́ть (perf.)	to note down
жа́реный	roasted	за́пись (f.)	recording
жа́ркий	hot	заплати́ть	see плати́ть
жа́рко	it is hot	заполня́ть / запо́лнить	to fill up
ждать / подожда́ть	to wait	запомина́ть/запо́мнить	to remember
же	(particle that adds emphasis)	зарпла́та	wages
жела́ние	wish	зарубе́жный	foreign
железнодоро́жный	railway (adj.)	заставля́ть / заста́вить	to make
желу́док	stomach		(make someone do something)
жена́	wife	зате́м	then
жена́т	married (for a man)	заходи́ть / зайти́	to call in on (on foot)
жени́ться (imp. & perf.)	to get married	заче́м	why
	(for a man)	заявле́ние	application
же́нский	women's (adj.)	звать (imp.)	to call (by a name)
же́нщина	woman	(Меня́ зову́т - I am called)	
жето́н	token	зверь (m.)	wild animal
жёлтый	yellow	звони́ть / позвони́ть	to telephone
живо́т	stomach	звоно́к	ring (of a bell)
жи́дкость (f.)	liquid	звук	sound
жизнь (f.)	life	зда́ние	building
жира́ф	giraffe	здесь	here
жить (imp.)	to live	здоро́ваться / поздоро́ваться	to greet
журна́л	magazine	здоро́вье	health
журнали́ст	journalist	зе́бра	zebra
за (+ instr.)	beyond / behind	зелёный	green
за грани́цу	abroad	зима́	winter
забыва́ть / забы́ть	to forget	зло	evil / spite
зави́сеть (imp.)	to depend	знако́мый	familiar
заво́д	factory	знать (imp.)	to know
за́втра	tomorrow	значе́ние	meaning
за́втракать (imp.)	to have breakfast	зна́чить (imp.)	to mean
загада́ть (perf.)	to wish for	зо́лото	gold

золото́й	gold (adj.)	ка́мера хране́ния	left luggage office
зо́на	zone	кана́л	canal
зоопа́рк	zoo	ка́рий	brown (of eyes)
зуб	tooth	ка́рта	map
зубно́й врач	dentist	карти́нка	picture
и	and	карто́фель (m.)	potato
и т.д.	etc.	ка́рточка	small card
игра́	game	карье́ра	career
игра́ть (imp.)	to play	Каспи́йское мо́ре	Caspian Sea
игру́шка	toy	ка́сса	cash desk
иде́я	idea	кассе́та	cassette
идти́ / пойти́	to go (on foot)	кафе́	café
из (+ gen.)	from	каю́та	cabin
изве́стный	well known	квадра́тный	square
Извини́те!	Excuse me!	квалифика́ция	qualification
изуча́ть (imp.)	to study	кварти́ра	flat
изуче́ние	study	квас	kvas
икра́	caviar	кенгуру́	kangaroo
и́ли	or	ке́пка	cap
и́мени ...	in the name of ...	килогра́мм	kilogram
и́менно	precisely	киломе́тр	kilometre
име́ть (imp.)	to possess	кинокри́тик	film critic
и́мпорт	import	кинотеа́тр	cinema
импрессиони́ст	impressionist	кита́йский	Chinese
и́мя	first name	класс	class
инвали́д	invalid	кла́ссика	classics
инвести́ровать (imp.)	to invest	класси́ческий	classical
индустриа́льный	industrial	класть / положи́ть	to put
инжене́р	engineer	клие́нт	client
иногда́	sometimes	кли́мат	climate
иностра́нец	foreigner	клуб	club
иностра́нный	foreign	ключ	key
институ́т	institute	кни́га	book
инстру́кция	instruction	кни́жный	book (adj.)
интере́сно	it is interesting	коали́ция	coalition
интере́сный	interesting	когда́	when
интересова́ть / заинтересова́ть	to interest	ко́е-каки́е	some / certain
интересова́ться / за-	to be interested in	коле́но	knee
инфля́ция	inflation	колле́га	colleague
ирла́ндский	Irish	колле́кция	collection
иска́ть (imp.)	to look for	кольцево́й	circle (adj.)
исключе́ние	exception	кольцо́	ring
испа́нский	Spanish	командиро́вка	business trip
испо́льзовать (perf.)	to use	коми́ссия	commission / committee
испуга́ть	see пуга́ть	комме́рческий	commercial
истори́ческий	historical	коммуникати́вный	communicative
исто́рия	history	коммуни́ст	communist
их	their	ко́мната	room
ию́ль (m.)	July	компа́кт-ди́ск	compact disc
ию́нь (m.)	June	компози́тор	composer
йо́га	yoga	конве́рт	envelope
каби́на	booth	кондиционе́р	conditioner
кабине́т	office	коне́чно	of course
Каза́к	Cossack	ко́нкурс	competition
ка́ждый	each	континента́льный	continental
ка́жется	it seems	контра́кт	contract
как	how	конфере́нция	conference
каково́...?	what...?	конфе́та	sweet
како́й...?	which...?	конча́ться / ко́нчиться	to finish
календа́рь (m.)	diary	коопера́тив	co-operative

кооперати́вный	co-operative (adj.)	лови́ть / пойма́ть	to catch
кора́бль (m.)	ship	ло́коть (m.)	elbow
ко́рень (m.)	root	лотере́я	lottery
кори́чневый	brown	луна́	moon
коро́ткий	short	лу́чше	better
коро́че	shorter / to sum up	лу́чший	better (adj.)
ко́рпус	block / building	лы́сина	bald patch
косме́тика	cosmetics	люби́мый	favourite
космона́вт	astronaut	люби́ть (imp.)	to love
ко́смос	space	любо́вник /-ица	lover
костю́м	suit	любо́вь (f.)	love
кот	cat	лю́ди	people
кото́рый	which	лю́стра	chandelier
ко́фе (masc.)	coffee	магази́н	shop
краса́вица	beautiful woman	май	May
краси́вый	beautiful	макаро́ны	macaroni
Кра́сная Ша́почка	Red Riding Hood	мал / мала́ / мало́ / малы́	small (of clothes)
кра́сный	red	ма́ленький	small
креди́тный	credit (adj.)	ма́ло	not many
кремль (m.)	fortress	малообла́чно	not much cloud
кри́кет	cricket	ма́льчик	boy
крите́рий	criterion	ма́рка	stamp
крокоди́л	crocodile	марке́тинг	marketing
кро́ме (+ gen.)	apart from	март	March
круг	circle	маршру́т	route
кру́пный	very large	материа́л	material
Крым	Crimea	мать (f.)	mother
кто	who	маши́на	car / machine
кого́ / кому́ / с кем / о ком	whom / to whom with whom / about whom	машини́стка	typist
Ку́ба	Cuba	медици́нский	medical
куда́	where (to where)	ме́дный	bronze
культу́рный	cultural	медсестра́	nurse
купа́ться (imp.)	to bathe	ме́жду (+ instr.)	between
купи́ть	see покупа́ть	междунаро́дный	international
ку́пол	dome	ме́неджер	manager
кури́ть / покури́ть	to smoke	ме́ньше	less
куро́рт	resort	меня́	me
ку́хня	kitchen	меня́ть / поменя́ть	to change (something)
ла́вра	monastery	меня́ться (imp.)	to change (itself)
ла́дно	fine, O.K.	ме́рить / поме́рить	to try on
ла́йнер	liner	ме́сто	place / seat
Ла́сточкино гнездо́	Swallow's Nest	ме́сяц	month
лев	lion	метеорологи́ческий	meteorological
лека́рство	medicine	метро́	metro
ле́кция	lecture	механи́ческий	mechanical
леопа́рд	leopard	милиционе́р	policeman
лес	forest	миллио́н	million
лет	see год	миллионе́р	millionaire
лета́ть (imp.)	to fly (regularly)	ми́лый	kind / nice
лете́ть / полете́ть	to fly	мини́стр	minister
ле́то	summer	ми́нус	minus
лёгкие	lungs	мину́та	minute
ли	whether	мир	world / peace
лимо́н	lemon	мирово́й	world (adj.)
лингви́ст	linguist	мне	to me / for me
ли́ния	line	мне́ние	opinion
литерату́ра	literature	мно́гие	many
литр	litre	мно́го	much / a lot
лицо́	face / individual	со мной	with me
		мо́жет быть	perhaps

мо́жно	it is possible	находи́ться (imp.)	to be situated
мой / моя́ / моё / мои́ etc.	my	нача́ло	beginning
молодо́й	young	начина́ть / нача́ть	to begin (something)
моло́же	younger	начина́ться / нача́ться	to begin
молоко́	milk	наш	our
моме́нт	moment	не	not
монасты́рь (m.)	monastery	небольшо́й	small
мо́ре	sea	невоспи́танный	uneducated
морко́вь (f.)	carrot	Не́вский проспе́кт	Nevsky Prospect
моро́з	frost	неда́вно	recently
моро́зный	frosty	недалеко́	not far
морско́й	sea (adj.)	неде́ля	week
москви́ч	Muscovite	Не́ за что!	Don't mention it!
мото́р	engine	не́которые	some / certain
мочь / смочь	to be able to	некраси́вый	ugly
моя́	see мой	нельзя́ ...	one should not / must not ...
муж	husband	немно́го	a few
мужско́й	men's	немно́жко	a little
мужчи́на	man	необита́емый	uninhabited
музе́й	museum	необходи́мо	it is essential
му́зыка	music	непло́хо	it is not bad
музыка́льный	musical	неплохо́й	not bad (adj.)
мы	we	непра́вда	untrue
нас / нам / на́ми	us / to us / with us	не́сколько	a few
мя́гкий	soft	нет	no
мя́со	meat	неуже́ли ...	surely not ...
на (+ prep.)	on / at	нечётный	odd (number)
на (+ gen.)	to	ни ... ни ...	neither ... nor ...
на́бережная	embankment	нигде́	nowhere
наве́рно / наве́рное	probably	ни́же	lower
над	above	ни́зкий	low
наде́лать (perf.)	to do (wrong)	никако́й	none
наде́яться (imp.)	to hope	никогда́	never
надме́нный	arrogant	никто́	no one
на́до ...	it is necessary to ...	никуда́	nowhere
наза́д	ago	ничего́	alright
назва́ть	see называ́ть	ничто́ / ничего́	nothing
назва́ние	name (of a place)	но	but
назначе́ние	destination	но́вости (f.)	news
называ́ть / назва́ть	to name (a place)	но́вый	new
называ́ться (imp.)	to be called (for a place)	нога́	leg / foot
найти́	see находи́ть	но́мер	room / number
наказа́ние	punishment	норма́льно	normally / that's OK
наконе́ц	finally	норма́льный	normal
нале́во	to the left	нос	nose
нало́г	tax	носи́ть (imp.)	to wear / carry
нам / на́ми	see мы	носки́	socks
напеча́тать (perf.)	to print	ночно́й	night (adj.)
написа́ть	see писа́ть	ночь (f.)	night
напи́ток	drink	ноя́брь (m.)	November
направле́ние	direction	нра́виться / понра́виться	to please
напра́во	to the right	ну!	well!
наприме́р	for example	ну́жно ...	it is necessary to ...
нарисова́ть	see рисова́ть	ну́жный	necessary (adj.)
наро́д	people / nation	о / об (+ prep.)	about
наро́дный	national	обе́дать / пообе́дать	to have lunch
нас	see мы	обезья́на	monkey
населе́ние	population	обеща́ние	promise
настоя́щий	real / genuine	(poetic form: обеща́нье)	
находи́ть / найти́	to find	обеща́ть / пообеща́ть	to promise

областно́й	oblast (adj.)
о́бласть (f.)	oblast / region / area (of study)
о́блачно	cloudy
обме́н	exchange
обме́нный	exchange (adj.)
обнима́ть / обня́ть	to embrace
о́браз	way / kind
образе́ц	example / model
обра́тно	back / return
обра́тный	return (adj.)
обслу́живание	service
обслу́живать	to serve (in restaurant etc.)
обслу́живающий	serving
обсужда́ть (imp.)	to judge
о́бувь (f.)	footwear
обще́ственный	social
объявле́ние	announcement
объясня́ть / объясни́ть	to explain
обы́чно	usually
обы́чный	usual
огро́мный	huge
одева́ться / оде́ться	to dress (oneself)
оде́жда	clothes
оде́т	dressed (short adj.)
оде́ться	see одева́ться
оди́н	one / alone
оди́ннадцатый	eleventh
одна́жды	one day
одна́ко	however
одноме́стный	single berth
ожида́ние	waiting
ожида́ть (imp.)	to expect
о́зеро	lake
океа́н	ocean
окно́	window
о́коло (+ gen.)	near / about
оконча́ние	ending
октя́брь (m.)	October
он / она́ / оно́	he / she / it
они́	they
опа́здывать (imp.)	to be late
опа́сный	dangerous
опера́ция	operation
опери́ровать / проопери́ровать	
	to operate (medical)
описа́ть (perf.)	to describe
опозда́ть на (perf.)	to miss
определённый	defined
опро́с	survey
опусти́ть (perf.)	to put (money in slot)
организова́ть (imp.)	to organise
оригина́л	original
ору́жие	weapon
о́сень (f.)	Autumn
осма́тривать (imp.)	to inspect
основа́ть (perf.)	to found
основно́й	basic
осо́бенно	especially
оставля́ть / оста́вить	to leave
остана́вливаться / останови́ться	
	to stop / stay
остано́вка	(bus) stop
осторо́жно	carefully
о́стров	island
о́стрый	sharp / spicy
от (+ gen.)	from
отвезти́ (perf.)	to carry off (by transport)
отве́т	answer
отвеча́ть / отве́тить	to answer
отдава́ть / отда́ть	to give away
отде́л	department
отделе́ние	department
отде́лка	decor
о́тдых	rest
отдыха́ть / отдохну́ть	to rest
оте́ц	father
оте́чественный	fatherland (adj.)
открыва́ть / откры́ть	to open
открыва́ться / откры́ться	to open (itself)
откры́т	open (short adj.)
откры́тка	postcard
откры́тый	open
откры́ть	see открыва́ть
отку́да	from where
отли́чный	excellent
отмени́ть (perf.)	to abolish
отойти́	see отходи́ть
отосла́ть (perf.)	to send off
отправле́ние	departure
отправля́ться / отпра́виться	to set off
о́тпуск	leave / holiday
отры́вок	excerpt
отсе́ль	from here (literary)
отсю́да	from here
отту́да	from there
отходи́ть / отойти́	to walk away from
отъе́зд	departure
о́фис	office
о́чень	very
о́чередь (f.)	queue
по о́череди	in turn
очки́	glasses
оши́бка	mistake
ошпа́ренный	scalded
паб	pub
пакт	pact
па́лец	finger / toe
пальто́	coat
па́мятник	monument
па́нда	panda
па́ра	pair
пара́д	parade
па́реный	stewed
парк	park
парфюме́рия	perfume department
па́спорт	passport
пассажи́р	passenger
па́уза	pause
пацие́нт	patient

пенициллин	penicillin	подборо́док	chin
пенсионе́р/-ка	pensioner	подде́рживать (imp.)	to maintain
пе́рвый	first	поджа́ренный	roasted
переу́лок	side street / alley	поднима́ться / подня́ться	
перево́д	transfer / translation		to go up (stairs or lift)
пе́ред (+ instr.)	in front of	подожда́ть	see ждать
переде́лать (perf.)	to redo	подпи́ска	subscription
переду́мать (perf.)	to change one's mind	поду́мать	see ду́мать
перезвони́ть (perf.)	to ring back	по́езд	train
переименова́ть (perf.)	to rename	по́езд да́льнего сле́дования	
перелета́ть / перелете́ть	to fly over		long distance train
переночева́ть (perf.)	to stay overnight	пое́здка	journey
переплати́ть (perf.)	to overpay	пое́хать	see е́хать
перепу́тать	see пу́тать	пожа́луйста	please
переса́дка	change (change of trains etc.)	пожило́й	elderly
переста́ть (perf.)	to stop (doing something)	позвони́ть	see звони́ть
перестро́йка	perestroika	по́здно	late
перехо́д	crossing	поздоро́ваться	see здоро́ваться
пери́од	period	по́зже	later
персона́л	personnel	познако́мить (perf.)	to introduce
перча́тки	gloves	познако́миться (perf.)	to be introduced
пе́сня	song	пойма́ть	see лови́ть
петь / спеть	to sing	пойти́	see идти́
печа́льно	sadly	пока́	while
пешко́м	by foot	Пока́!	So long!
пи́во	beer	пока́зывать / показа́ть	to show
пингви́н	penguin	покре́пче	more strongly
писа́тель (m.)	writer	покупа́тель (m.)	customer
писа́ть / написа́ть	to write	покупа́ть / купи́ть	to buy
письмо́	letter	покури́ть	see кури́ть
пита́ние	food	пол	floor / gender
пить / вы́пить	to drink	пол-	half
пи́шущая маши́на	typewriter	полете́ть	see лете́ть
пла́вать (imp.)	to swim	полёт	flight
плаву́чий	floating	поливитами́ны	multivitamins
план	plan	поликли́ника	policlinic
пласти́нка	record / disc	поли́тика	politics
плати́ть / заплати́ть	to pay	по́лночь (f.)	midnight
платфо́рма	platform	по́лный	full
пла́тье	dress	полови́на	half
плащ	raincoat	положи́ть	see класть
пли́тка	bar (of chocolate)	полтора́	one and a half
пло́хо	badly	полуо́стров	peninsular
плохо́й	bad	получа́ть / получи́ть	to receive
пло́щадь (f.)	square (in town)	полчаса́	half an hour
плыть / поплы́ть	to sail / swim	по́льзоваться (imp.)	to use
по (+ dative)	along / according to	поменя́ть	see меня́ть
по по́воду	concerning	поме́рить	see ме́рить
по-англи́йски	in English	по́мнить (imp.)	to remember
победи́тель (m.)	victor	помога́ть / помо́чь	to help
побо́льше	a bit more	по́мощь (f.)	help
(мне) повезло́	(I) was lucky	понеде́льник	Monday
повида́ть	see вида́ть	понима́ть / поня́ть	to understand
пови́нность	see во́инская пови́нность	понра́виться	see нра́виться
поговори́ть	see говори́ть	поня́тно	understood
пого́да	weather	пообе́дать	see обе́дать
погуля́ть	see гуля́ть	пообеща́ть	see обеща́ть
под (+ instr.)	under	поп-му́зыка	pop music
подари́ть	see дари́ть	попа́сть (perf.)	to find oneself
пода́рок	present / gift	поплы́ть	see плыть

попо́зже	a bit later
попро́бовать	see про́бовать
попроси́ть	see проси́ть
попроща́ться	see проща́ться
популя́рный	popular
пора́ ...	it is time to ...
поро́да	breed
поро́й (poetic)	from time to time
порт	port
портати́вный	portable
поря́док	order
поско́льку ...	to the extent that ...
посла́ть	see посыла́ть
по́сле (+ gen.)	after
после́дний	last
посло́вица	saying
послу́шать	see слу́шать
посмотре́ть	see смотре́ть
постара́ться	see стара́ться
посте́льный	bed (adj.)
постро́ить	see стро́ить
посыла́ть / посла́ть	to send
посы́лка	parcel
потанцева́ть	see танцева́ть
потеря́ть	see теря́ть
пото́м	then
потому́ что	because
потра́тить	see тра́тить
похо́ж	looks like (short adj.)
почему́	why
по́чта	post / post office
почто́вый	post (adj.)
поэ́ма	(long) poem
поэ́т	poet
поэ́тому	therefore
появи́ться (perf.)	to appear
пра́вда	truth
пра́вило	rule
пра́вильно	correctly
пра́вильный	correct
правосла́вный	orthodox (church)
пра́здник	holiday / festival
превыша́ть (imp.)	to exceed
предложе́ние	proposal
предме́т	object
представи́тель (m.)	representative
президе́нт	president
прекраща́ться (imp.)	to cease / be closed
преподава́тель	teacher
преподава́ть (imp.)	to teach
преступле́ние	crime
при (+ prep.)	by / when
при вы́ходе	when getting off
прибыва́ть / прибы́ть	to arrive (of a train etc.)
прибы́тие	arrivals
Приве́т!	Hi! / Greetings!
приве́тливый	welcoming
приве́тствовать (imp.)	to welcome
приглаша́ть / пригласи́ть	to invite
(мне) придётся ...	(I) will have to ...
приду́мать (perf.)	to think up
приезжа́ть / прие́хать	to arrive (by transport)
приём	reception
приз	prize
прийти́	see приходи́ть
прилета́ть / прилете́ть	to fly in
приме́рочная	fitting room
принима́ть / приня́ть	to accept
приноси́ть (imp.)	to bring
приро́да	nature
приходи́ть / прийти́	to come (on foot)
причи́на	reason
прия́тно	it is pleasant
прия́тный	pleasant
про себя́	to oneself
пробле́ма	problem
про́бовать / попро́бовать	to try
проведённый	which took place
проверя́ть / прове́рить	to check
провести́ (perf.)	to undertake / to spend time
проводни́к / проводни́ца	conductor (on train)
провожа́ть / проводи́ть	to see off
прогно́з	forecast
продава́ть / прода́ть	to sell
продаве́ц	salesperson / salesman
продавщи́ца	saleswoman
прода́жа	sale
проду́кты	(food) products
прое́зд	journey
проездно́й	season (ticket)
проезжа́ть / прое́хать	to drive through / past
произво́дство	production
производя́щий	producing
пройти́	see проходи́ть
пролета́рий	proletarian
пролета́ть / пролете́ть	to fly through
проопери́ровать	see опери́ровать
пропу́щенный	missed out
проруби́ть (perf.)	to force through
проси́ть / попроси́ть	to ask for
прослу́шивание	listening
про́сто	simply / it is simple
противополо́жный	opposite
противота́нковый	anti tank
профе́ссия	profession
проходи́ть / пройти́	to walk through / past
прохо́жий / прохо́жая	passer by
проце́нт	per cent
про́шлый	last (last week)
проща́ние	farewell
(poetic form: проща́нье)	
проща́ться / попроща́ться	to say goodbye to
пры́гать (imp.)	to jump
пря́мо	straight
пу́блика	public
пуга́ть / испуга́ть	to frighten
пункт	point
пу́тать / перепу́тать	to muddle
путеше́ствие	journey
путь (m.)	journey / way

пятидеся́тый	fiftieth	ро́за	rose
пятна́дцатый	fifteenth	ро́зовый	pink
пятна́дцать	fifteen	рок-н-ро́лл	rock and roll
пя́тница	Friday	ролево́й	rôle (adj.)
пя́тый	fifth	роль (f.)	rôle
пять	five	рома́нс	romance
пятьдеся́т	fifty	росси́йский	Russian
пятьсо́т	five hundred	Росси́я	Russia
рабо́та	work	рост	height
рабо́тать (imp.)	to work	рот	mouth
рабо́тник	worker	руба́шка	shirt
рад	glad (short adj.)	рука́	arm / hand
радиа́тор	radiator	ру́сский,	Russian
ра́дио	radio	ручно́й	hand (adj.)
раз	time / occasion	ры́ба	fish
ра́зве!	surely not!	ры́нок	market
разгова́ривать (imp.)	to talk / chat	ры́ночный	market (adj.)
разгово́р	conversation	ряд	series / row
разгово́рный	conversational	ря́дом	next to
разли́чный	different	с (+ instr.)	with
разме́р	size	с (+ gen.)	from
разнообра́зный	different	сад	garden
ра́зный	various	сади́ться / сесть	to sit down
разыгра́ть (perf.)	to play (a rôle)	сам / сама́ / са́ми	oneself (etc.)
райо́н	region	самолёт	airplane
ра́ковый	cancer (adj.)	самообслу́живание	self service
ра́но	early	самостоя́тельно	independently
ра́ньше	earlier	са́мый	the most
расписа́ние	timetable	санита́рный	sanitary
распределе́ние	distribution	сапоги́	boots
рассказа́ть (perf.)	to tell	са́уна	sauna
расстро́йство	disturbance / upset	са́хар	sugar
ребёнок	child	сва́дебный	wedding (adj.)
революционе́р	revolutionary	сва́дьба	wedding
револю́ция	revolution	сведе́ние	information
региона́льный	regional	свет	light
регистра́тор	receptionist	свети́ть (imp.)	to shine
регистра́ция	registration	светло́	bright
регуля́рный	regular	свида́ние	meeting
реда́ктор	editor	сви́тер	sweater
ре́дко	rarely	свобо́дный	free
ре́зко	sharply	свой / своя́ / своё / свои́	one's own
рейс	flight	свя́зан	connected
река́	river	сдава́ть (imp.)	to take (an exam)
рекла́ма	advertisement	сдать (perf.)	to pass (an exam)
рекомендова́ть (imp.)	to recommend	сде́ланный	made
религио́зный	religious	сде́лать	see де́лать
ремо́нт	repair	себя́	one's self
рентге́н	x-ray	се́вер	north
рестора́н	restaurant	се́верный	northern
реце́пт	prescription / recipe	сего́дня	today
речно́й	river (adj.)	сего́дняшний	today's
речь (f.)	speech	седо́й	grey (of hair)
реша́ть / реши́ть	to decide	седьмо́й	seventh
реше́ние	decision	сейча́с	now / just a moment
рисова́ть / нарисова́ть	to draw	секре́т	secret
род	type	секрета́рша	secretary (f.)
роди́тель (m.)	parent	секре́тный	secret (adj.)
роди́ться (perf.)	to be born	сельскохозя́йственный	agricultural
рожде́ние	birth	семе́йный	family (adj.)

семидеся́тый	seventieth	сове́тник	adviser
семина́рия	seminary	сове́тский	Soviet
семна́дцатый	seventeenth	совреме́нный	contemporary / modern
семна́дцать	seventeen	согла́сен	in agreement (short adj.)
семь	seven	соедина́ться (imp.)	to join together
семья́	family	сожале́ние	sympathy
сентя́брь (m.)	September	сожале́ть (imp.)	to sympathise
се́рдце	heart	сойти́	see сходи́ть
се́рый	grey	сок	juice
серьёзно	seriously / it is serious	солда́т	soldier
серьёзный	serious	соли́дный	solid / respectable
сестра́	sister	со́лнце	sun
сесть	see сади́ться	соля́рий	solarium
сеть (f.)	network	сообще́ние	message
Сиби́рь (f.)	Siberia	сообщи́ть (perf.)	to inform
сигаре́та	cigarette	со́рок	forty
сиде́ть (imp.)	to be sitting	сороково́й	fortieth
си́льно	strongly	сосе́д	neighbour
си́льный	strong	соста́вить (perf.)	to put together
си́мвол	symbol	состо́яться (perf.)	to take place
симпати́чный	nice / pleasant	состяза́ться (imp.)	to compete
симфо́ния	symphony	со́тый	hundredth
си́ний	dark blue	социо́лог	sociologist
систе́ма	system	сочине́ние	essay
сказа́ть	see говори́ть	спа́льный	sleeping (adj.)
ска́зка	fairy tale	спаси́бо	thank you
ско́лько?	how many?	спать (imp.)	to sleep
скоре́е!	hurry up!	специали́ст	specialist
ско́ро	soon	специа́льно	specially
ско́рость (f.)	speed	специа́льность (f.)	speciality
скро́мный	modest	специа́льный	special
ску́чный	boring	спиртно́й	alcoholic (adj.)
сла́виться (imp.)	to be famous for	спи́сок	list
сле́дование	see по́езд	спо́нсор	sponsor
сле́довать (imp.)	to follow	спорт	sport
сле́дующий	following	спортсме́н	sportsperson
слова́рь (m.)	dictionary	спра́шивать / спроси́ть	to ask
сло́во	word	сра́зу	straight away
словосочета́ние	collocation / word combination	среда́	Wednesday
сло́жный	complicated	сре́дний	average
слон	elephant	сро́чно	immediately
слу́жащий	employee	сро́чный	immediate / urgent
служи́ть (imp.)	to serve	станда́ртный	average
случи́вшееся	what has happened	ста́нция	station (small / metro)
случи́ться (perf.)	to happen	ста́рше	older
слу́шать / послу́шать	to listen to	ста́рый	old
слы́шать / услы́шать	to hear	стати́стика	statistics
слы́шно	audible	стать (perf.)	to become
смерть (f.)	death	стекло́	glass
смотре́ть / посмотре́ть	to look at	стиль (m.)	style
смочь	see мочь	сто	one hundred
снача́ла	at first	сто́ить (imp.)	to cost / be worth
снег	snow	столи́ца	capital city
сне́жный	snowy	столо́вая	canteen
сно́ва	again	стоя́нка	rank / parking place
собира́ть / собра́ть	to collect	страна́	country
собира́ться / собра́ться	to get together / to be going to do something	страни́ца	page
		строи́тельство	building
собо́р	cathedral	стро́ить (imp.)	to build
соверша́ть / соверши́ть	to undertake	стро́иться (imp.)	to be built

студе́нт/ка	student	това́р	goods
суббо́та	Saturday	тогда́	then
суждено́	destined	то́же	also
су́мка	bag	то́лько	only
су́мма	sum	то́нна	ton
суп	soup	торго́вый	trade (adj.)
существи́тельный	noun	то́чно	exactly
схе́ма	map / plan	то́чность (f.)	exactness / precision
сходи́ть / сойти́	to get off	тошни́ть (imp.)	to make sick
счастли́во	happily	меня́ тошни́т	I feel sick
счастли́вый	happy	трава́	grass
съесть	see есть	традицио́нный	traditional
сын	son	тради́ция	tradition
сюрпри́з	surprise	трамва́й	tram
таба́к	tobacco	тра́нспорт	transport
табле́тка	tablet	транссиби́рский	Trans Siberian
так	so	тра́тить / потра́тить	to spend
та́кже	also	тре́тий	third
тако́й	such	три	three
такси́	taxi	тридца́тый	thirtieth
тало́н / тало́нчик	coupon	три́дцать	thirty
там	there	трикота́ж	knitwear
тамо́женный	customs (adj.)	трина́дцатый	thirteenth
та́нец	dance	тро́ице	Trinity
танцева́ть (imp.)	to dance	тролле́йбус	trolleybus
танцо́р	dancer	тру́дно	it is difficult
твёрдый	firm / hard	туале́т	toilet
твист	twist	туда́	(to) there
твой	your	тума́н	fog
те	those	тур	round / turn
теа́тр	theatre	тури́ст	tourist
текст	text	туристи́ческий	tourist (adj.)
телеви́дение	television	Ту́рция	Turkey
телеви́зор	television set	ту́фли	shoes
телегра́мма	telegram	ты	you
телегра́ф	telegraph office	ты́сяча	thousand
телефо́н	telephone	тяжёлый	heavy
те́ло	body	у (+ gen.)	by / next to / in the possession of
температу́ра	temperature	Уважа́емый (start of letter)	Respected / Dear
те́ннис	tennis	С уваже́нием	With respect / Yours sincerely
тепе́рь	now	уве́рен	sure (short adj.)
тепле́е	warmer	уви́деть	see ви́деть
тепло́	warmth	уви́деться	see ви́деться
тепло́	it is warm	у́гол	corner
теплохо́д	passenger ship / oil fired steamer	удали́ть (perf.)	to take out / get rid of
терапе́вт	therapist	удиви́ть (perf.)	to surprise
террито́рия	territory	удо́бно	it is convenient
теря́ть / потеря́ть	to lose	удо́бство	convenience
те́хника	equipment	удово́льствие	pleasure
техни́ческий	technical	уезжа́ть / уе́хать	to go away (by transport)
тече́ние	course / flow / current	уже́	already
тёплый	warm	узнава́ть / узна́ть	to find out / recognise
тигр	tiger	уике́нд	weekend
тип	type	уко́л	injection
типи́чный	typical	Украи́на	Ukraine
ти́хий	quiet	улета́ть / улете́ть	to fly away
Ти́хий океа́н	Pacific Ocean	у́лица	street
ти́ше	quieter	умира́ть / умере́ть	to die
то есть ...	that is ...	у́мный	clever
Е́сли ... то ...	If ... then ...	универма́г	department store

университе́т	university	хруста́ль (m.)	crystal
уника́льный	unique	ху́же	worse
упражне́ние	exercise	царь (m.)	tsar
Ура́л	Urals	цвет	colour
уро́к	lesson	цвето́к	flower
усло́вие	condition	цветы́	flowers
услы́шать	see слы́шать	це́лый	whole
успе́х	success	цена́	price
устано́вка	setting up	центра́льный	central
у́сы	moustache	центр	centre
у́тро	morning	це́рковь (f.)	church
у́хнуть	to shout / chant together	цирк	circus
у́хо	ear	цыплёнок	chicken
уходи́ть / уйти́	to go away	чай	tea
уча́стник	participant	час	hour / 1 o'clock
уче́бник	textbook	ча́сто	often
учи́ться (imp.)	to study	часть (f.)	part
учрежде́ние	institution / organisation	часы́	watch / clock
у́ши	ears	ча́ще	more often
фа́брика	factory	чего́ / чему́ / чем	see что
факс	fax	чей / чья / чьё / чьи	whose
факт	fact	чек	receipt
фальши́вый	false	челове́к	person
фами́лия	surname	челове́ческий	human (adj.)
февра́ль (m.)	February	чем	than / see что
федера́ция	federation	че́рез (+ асс.)	through / in (a period of time)
фе́рма	farm	че́тверть (f.)	quarter
фило́соф	philosopher	четвёртый	fourth
фи́рма	firm	четы́ре	four
флаг	flag	четырёхме́стный	four berth
фокстро́т	foxtrot	четырёхпа́лубный	four deck
фонта́н	fountain	четы́рнадцатый	fourteenth
фо́рма	form (of verb etc.)	четы́рнадцать	fourteen
фотоаппара́т	camera	чёрный	black
фотогра́фия	photograph	чётный	even
фотоко́пия	photocopy	число́	number
фра́за	phrase	чистота́	cleanliness
Фра́нция	France	чита́льный	reading (adj.)
францу́з	Frenchman	чита́ть (imp.)	to read
по-францу́зски	in French	что / чего́ / чему́ / чем / о чём?	what?
францу́зский	French	чтобы	in order to
фрукто́вый	fruit (adj.)	чу́вствовать (imp.)	to feel
фунт	pound	чулки́	stockings
футбо́л	football	чьё / чья / чьи	see чей
футболи́ст	footballer	шампа́нское	champagne
хиру́рг	surgeon	шарф	scarf
хи́щный	wild / savage	швед	Swede
хлеб	bread	шве́йный	sewing (adj.)
ход	course	Швейца́рия	Switzerland
ходи́ть (imp.)	to go / walk (regularly)	шестидеся́тый	sixtieth
холоди́льник	refrigerator	шестна́дцатый	sixteenth
холодне́е	colder	шестна́дцать	sixteen
хо́лодно	it is cold	шесто́й	sixth
холо́дный	cold	шесть	six
хоро́ший	good	шестьдеся́т	sixty
хорошо́	it is good	ше́я	neck
хоте́ть (imp.)	to want	широ́кий	wide
хотя́	although	шко́ла	school
храм	temple	шля́па	hat
хране́ние	see ка́мера хране́ния	шокола́д	chocolate

шокола́дный	chocolate (adj.)	э́ти	these / those
шпио́н	spy	ю́бка	skirt
щека́	cheek	ювели́рный	jewellery (adj.)
щено́к	pup	юг	south
экза́мен	examination	ю́жный	southern
эконо́мика	economy	ю́мор	humour
экономи́ст	economist	ю́ноша	youth
экску́рсия	excursion	явля́ться (imp.)	to represent / to be
экскурсово́д	guide	я́годы	berries
экспорти́ровать (imp.)	to export	язы́к	language
электри́ческий	electrical	языково́й	language (adj.) / linguistic
электри́чка	electric train	январь (m.)	January
электро́нный	electronic	ярлы́к	label
эта́ж	storey	я́сно	it is clear
э́тот / э́та / э́то	this / that	я́щик	crate / box

РЕКЛАМЫ

Москва для Вас!

These are scenes from the 47-minute colour
video for learners, "Москва для Вас!".
The scenario was written by John Langran
and the film was shot and produced in
Moscow in 1997 by Garri Dombrovski.

Topics include: Москва - Знакомство - Как узнать дорогу
Гостиница - Телефон - Встречи - Обед в ресторане
Театр - Метро - Городской транспорт - Такси - Билет на
поезд - Покупки - Прощание.

The video comes with a 20 page booklet giving the text of the film, suggestions
for teachers and learners and a glossary of the more difficult words.

Ruslan CDRoms

The Ruslan 1 and 2 CDRoms are full multimedia versions of the Ruslan course
for IBM PCs, with all the dialogues that are in the books, plus about 300
interactive exercises at each level. The Ruslan 1 CDRom has been described
by the Times Educational Supplement as "better designed than similar
materials for any language, simple to install, and imaginitive enough to be
entertaining", and has won a "Languages for Export" award from the DTI. The
Ruslan 2 CDRom uses MP3 technology to squeeze much more sound and a
very large number of up to date photos onto the CD.

Left click for sound, right click for a translation or an explanation.

Current prices and details of other Ruslan materials are at www.ruslan.co.uk
or write to: Ruslan Ltd
                 19 Highfield Road
                 Moseley
                 Birmingham B13 9HL UK
                 Tel/fax: 0121 449 1578